從讀到寫

林怡辰的閱讀教育

用閱讀、寫作，讓無動力孩子愛上學習

林怡辰——著

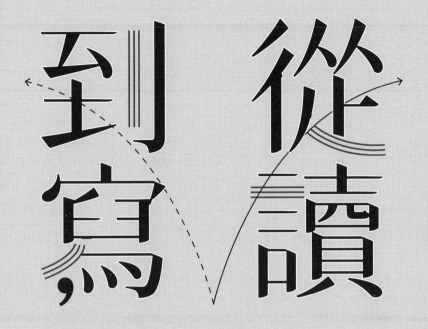

推薦序

從心點燃孩子的學習熱情

葉丙成　無界塾創辦人、PaGamO執行長

這些年往來各地推動教育的改變，感謝許多中小學教育界的老師朋友，不以我大學教授天真鄙陋，願意與我分享當前台灣教育界的種種問題。當中諸多問題，或有解方，但有一個很嚴重的問題，卻是一直以來都找不到答案：「這麼多因為環境、原生家庭的影響而對學習沒有動力的孩子，我們該怎麼幫他們重新燃起學習的熱情？」

看完怡辰這本書，我終於得到解答了。這本書說明了一切，也提供了每個老師都能採用的策略！

認識怡辰已經好多年。剛認識她時，我只是覺得這位個頭小小的女老師，慧黠的眼睛、溫暖的笑容中，蘊含很大的能量。在偏遠鄉區的孩子，常常因為環境的文化刺激不足，或是原生家庭對於教育的無所期待，而逐漸生出「習得無力感」。這一直是台灣許多老師念茲在茲卻很難解決的問題。但怡辰班上的孩子很不一樣，這些年來看她在偏遠鄉區學校努力耕耘，把許多原本對學習沒興趣、沒自信的孩子，一個個像被施魔法般的變成了樂於學習的孩子。儘管她的年紀比我小很多，卻是讓我非常佩服而尊敬的教育夥伴。

我一直都很好奇，怡辰到底是怎麼讓這些習得無力感的孩子會想積極的學習呢？

閱讀，正是關鍵。在怡辰的教學裡，閱讀不只是閱讀；透過閱讀，許多孩子開始改變。除了增加對字詞的認識之外，更重要的是孩子開始從書中的世界，發現到自己許多人生價值觀跟書中人物有很大的不同。這樣的經驗會驅使孩子不斷思考，進而逐步改變過去消極無動力的想法。一旦價值觀改變，孩子也就開始生出學習動機了！

更重要的是，許多心中有傷痕的弱勢孩子透過閱讀，看到了書中人物與自己類似的經歷，而知道自己並不孤獨；進而覺得自己被了解、被同理。傷痕漸漸被療癒，生命也找到出口，孩子更有勇氣面對生命中的種種難關、挑戰，而不再迴避。在這本書，怡辰跟自己還有學生的生命經驗做連結，分享如何以閱讀做為主軸，用什麼樣的策略與方法，把偏遠鄉區許多無動力的孩子帶起來。

書裡也提到了她從初任老師開始，原本充滿理想的想把孩子教好；到後來卻是遍體鱗傷、不被家長跟同事認同，甚至孩子還被家長影響而排斥老師。她是如何走過這一段而不喪失對教育的熱情？她是如何找到自己的問題所在？她是如何發展出方法讓家長都願意支持她？她又是如何在資源貧乏的偏遠學校，去募得所需要的資源來為孩子打造一流的學習環境？

如果你以為這本書只是談閱讀，你錯了，它談的是全盤性的教學策略。如果你以為這本書只是談教學，你又錯了，它更是在談一個老師在教學生涯的成長歷程。

看完這本書，你將會更有信心去面對班上那個一直讓你揪心卻找不到方法幫他的孩子。看完這本書，你也將更有信心去面對鏡子中逐漸失去教學自信風采的自己。

這本書，誠摯推薦給每一位想把孩子教好的老師。

推薦序

用生命寫成的書，鼓舞更多學生的生命

張輝誠
「學思達教學」創始人

第一次和怡辰見面，是我受邀至台中靜宜大學演講，談寫作，她特地從彰化趕來參加。

見面前，其實我和她已是臉友，印象最深的是，有一回我看到她的個人網站，裡面佈滿各種豐富資料，關於小學之寫作教學、閱讀培養，乃是她多年教學的成果與資料累積。我逐一點開看，甚感驚訝，雖是談小學基礎閱讀與寫作，但內容高度專業，更讓我驚訝的，這是她多年教學心血，但全部公開，無私分享，任人點閱下載。一方面我對她感到敬佩，另一方面我也對她感到好奇，到底是什麼樣的性格，讓她可以做出這麼大方的事情。

我和她在台中初見面，才發現她瘦小玲瓏，笑容可掬，人很親切。短暫交談，我仍無法理解，她能夠如此無私分享的熱情，源於何處？直到我看完此書，才終於恍然大悟。

怡辰談閱讀、談寫作，與尋常人只當成習慣來培養、當作表達工具來訓練殊為不同，她談閱讀與寫作，是建立在獨特之生命體驗與感悟。閱讀與寫作，曾幫助她度過父母經商失敗後的愁苦艱辛歲月、幫助她安頓悽惶煩擾的內心、幫她開啟生命更多窗口、看見更寬廣的世界、領教更高明的智慧，甚至幫她扭轉了自身命運。換言之，她是真切從閱讀當中體驗到生命的成長與變化，因此她推動閱讀、培養學生閱讀習慣與能力，全都從親身經歷印證而來，是發自真心、發自生命深處湧起的信念與熱情，哪怕遭遇挫折、屢受誤解，哪怕資源不足、書籍缺乏，都阻擋不了她的堅持與執著。

為此，她不計報酬、不計時日去寫計畫、尋贊助、辦活動，近乎傻勁一般，雖千萬人吾往矣，堅持推廣閱讀。她如此做，正是她曾從閱讀得到偌大幫助。做為一個老師，她也想幫助學生、改變學生，不僅在知識灌輸和成績表現，她還想讓學生擁有一輩子可以帶得走的能力，而最簡便又最影響深遠的，她想來想去，無非閱讀了。

後來，她又意識到，既有輸入，也需有輸出，她開始將閱讀延伸到寫作，但要學生寫，老師必得先寫，一如教學生閱讀，老師必先閱讀一樣。於是她開始寫作，然後再教學生寫作，日積月累，偏鄉學生寫的文章居然陸續刊登於《國語日報》，成果令人驚嘆，令人感動。怡辰老師在書上說，這是她想讓學生（尤其是她任教的偏鄉學生）在小時候就能感受到「成功經驗」。壯哉斯言，成功經驗對孩童來說真是太重要了，都會孩童如此，偏鄉孩童更是如此，因為孩童生活中感受最多常是失敗經驗，做不好、做不到、學不會、學不全，偏鄉孩童尤其如此，如果真有一次因努力而得到的成功體驗，將會帶給孩童一輩子向上、渴望再次成功的深層動力。怡辰老師所做所為，正是點燃學生內在一生渴望向上的心燈。

這是怡辰老師用生命寫成的書，她再用生命去鼓舞更多學生的生命，她每做一事，都帶著如斯熱情，在挫折中見其毅、在克難中見其智、在挑戰中顯其勇氣、在細膩中明其細心、在實踐中看出她對學生深切的愛與關懷。我想，這應該就是他內在擁有強大熱情與動能的主因吧！

推薦序

用閱讀和寫作打開封閉幽暗的世界

蘇明進（老ムメ老師）　台中市大元國小教師

敲碗敲了多年，終於盼到這本重量級好書問世。

其實從二〇〇七年認識怡辰至今已經十多年了，遠從部落格才剛冒出來的那年代，我們就經常在網上密切的互動。有時她會在文章下方給我一些教學上的回饋，而我也常在她那兒獲得許多教學新知。雖然不曾謀面，卻在不同的時空下，秉持相同的教育信念而彼此努力。當時就深感這位年輕女老師活力十足，有想法、能反思、有執行力，未來會是教育界裡不可多得的人才。

只要身為怡辰的臉書朋友，無不對她的行動力感到嘖嘖稱奇。她閱讀量大，勤跑研習，像海綿般努力吸收新知，並立即實踐於其教學之中。快手的她勤於寫作，左手寫語文和數學，右手寫作文和閱讀，還來不及在她的文章底下畫重點，行動學習和班級經營的教學分享又如滔滔不絕江水般湧出。這些研習筆記與教學案例記載得完整且詳盡，極具參考價值，造福無數的老師及家長。

我常覺得好奇：怡辰身上那對於教學的滿滿活力，究竟是源自哪裡？是什麼驅動著她不斷充滿正能量引領大家向前？

直到閱讀到這本《從讀到寫，林怡辰的閱讀教育》，我終於明白了。

就是「閱讀」這兩字。因為閱讀，讓怡辰不斷精進與蛻變。大量閱讀的她，快速的從書籍中吸收，並運用在班級實務上。這本書羅列相當多值得參考的工具書，包括《恆毅力》、

《幫助每一個孩子成功》、《被討厭的勇氣》、《成長性思維》……這些教育理論在她的實踐下，不斷內化並精緻化，以至於能夠引發孩子們高度的學習動機，師生一同享受於學習之中，構築成一幅最美的教室風景。

也因為閱讀，讓怡辰更看見自己。在這本書中，讀到早年的怡辰因家中經商失敗與初任教師時遭逢兩次極大的人生困頓。但從閱讀中，一次次的反思與調適自我，讓她有力量面對這些課題。這些經歷最終皆化為溫暖的春風，分送更多生命養分給予她所接觸的每位孩子。

本書談了很多怡辰的閱讀觀，包括班級閱讀如何推動？班級閱讀環境如何營造？親師如何共同合作推動閱讀？學校圖書館如何重建？相關的閱讀技巧及搭配的主題式閱讀書目……她都細心寫入書中，因此每個字裡行間都能讓人畫上滿滿的註記與重點。

但其實還要更加細讀的是：她在面對家長質疑聲浪時，如何重新站起，主動出擊的成功說服家長；在班級學生表現不佳時，仍秉持著恆毅力，每週閱讀一本好書的帶領孩子堅持下去；以及她究竟是如何將實踐與閱讀畫上等號，在一間平凡的偏鄉教室裡，創造出一個個不平凡的故事。

我很喜歡〈和孩子一起成功〉篇章中那則「皺巴巴月曆紙的獎狀」的故事，令人讀來心有戚戚焉。老師的支持與讚美，點亮了學習障礙學生眼中的光芒；而閱讀和寫作，則為來自社會底層的孩子打開了封閉幽暗的世界。

就像怡辰寫下的這段話：「當閱讀走進孩子的生命，當他們找到一本可以了解他的書，痛苦有了出口，閱讀就成了那道光。」這本書除了是怡辰的閱讀推動史，也道盡每位想為孩子做更多的大人的決心。我們一起來點燃閱讀的火炬，讓閱讀也能成為每位孩子生命中那道耀眼的光。

推薦短語

拿到好友怡辰的書稿時，時值低潮，一句「閱讀能療傷止痛」醍醐灌頂般點醒了我，怡辰文字的「光」讓我幾個夜讀後都開心起來了！這就是充滿光與熱的怡辰，總能在需要的時刻鼓舞著老師、好友。個人去年借調偏鄉小校擔任公辦民營校長時，深刻的體會到偏鄉的單純往往限縮了教育視野。「沒有閱讀要如何閱讀？」因此如同怡辰書中所提，「只有閱讀才能帶來閱讀，也才能啟動系統性的學習與靈性的生命力。」但也只有像怡辰這樣努力與堅持的好老師，才有機會打開偏鄉閱讀的視界、打開孩子的未來。書中每一段文字，不僅是從閱讀出發的教育創新與策略，更是一位具備創業精神的教育家與孩子們共同成長的堅持與喜悅。每一段經歷，都有著為師者的淡雅與清芬，讓人不斷咀嚼回味。記得，翻開書後「慢慢來！」從怡辰的文字中，細細品嘗一位閱讀教育者的不凡與感動。

——施信源　台北市龍埔國小老師、《親子天下》教育創新領袖

數學系畢業的老師，因自己經歷讀寫的功效，立志以讀寫為教學核心，堅信學生一定要具有這份能力。怡辰，義無反顧的面對各類學生，沒有藉口的修改、再修改教學，目標就是學生要喜歡、要會讀寫。全書感人又具說服力。

——柯華葳　清華大學教育與學習科技系教授

讀完這本書，要先謝謝怡辰。因為這是一本用生命導讀的書，怡辰用內心最溫柔與堅定的力量，去克服種種困難，讓不可能化成可能，其實這就是老師的天職。堅持一年那是熱忱；

堅持十年以上而不退志，那就是天命。把種種困境化為生命的甘泉，用心去對待每一個孩子。不管你是家長或是老師，這絕對是一本你必須收藏的故事。

——陳清圳　雲林縣古坑鄉華南國小、樟湖國中小校長

怡辰一直是位會把感動化為行動的好老師。在這本書中，她把行動寫成感動，讓我們感受到閱讀世界的美好。強力推薦給每一位孜孜不倦的老師們，順著這個光點，讓我們一起帶出孩子們的讀寫力。

——洪旭亮　「教育噗浪客」共同創辦人

怡辰好學、聰慧、積極、溫暖，「八爪章魚」一般的能力，讓她在家庭和班級經營甚至閱讀寫作教學、教師生涯發展都能面面俱到。怎麼辦到的？這本書不僅娓娓道來令人落淚又勵志

的人生故事，亦是最有溫度且務實、具體可參考的「教學寶典」。

——溫美玉　台南大學附設實驗小學教師

我很喜歡這句話：「人點燈，不放在斗底下，是放在燈台上，就照亮一家的人。」五年前TFT成立初期，就有幸認識怡辰老師，她總是如此毫不藏私、竭力照亮身旁的孩子與大人。很榮幸受邀為此書推薦，相信更多人可以被怡辰老師的生命照亮。

——劉安婷　TFT「為台灣而教」基金會創辦人

怡辰的人樸實真誠，文字總是充滿溫暖，每每看見她在閱讀教學與學生學習上的經驗分享，都能感受到那看起來平靜卻強大的力量，更看見孩子們的成長。閱讀是開啟孩子與世界連結的一扇門，更是覺察與反思自我的捷徑。從怡辰帶著孩子閱讀之路，能幫助父母與老師更有效的掌握陪伴孩子閱讀的意義與方法。

——藍偉瑩　均一師資培育中心執行長

作者序

希望這本書，能為在黑暗中的你，帶來一點光

從來沒有出書的打算，這不在我的生涯規劃中。直到有位編輯朋友提醒了我：你不也曾經從閱讀獲得許多光和能量？也許你的歷程，會是現在黑暗中某個靈魂的救贖，不是嗎？

她溫柔的說著：「再沒有一個時代，比現在更需要閱讀。這本書，希望讓其他老師知道自己並不孤單，也讓老師們可以凝聚更大的力量。如果我們都曾感受閱讀帶來的美好，那麼，書寫下這些經驗，分享出去，就是曾經領略過閱讀美好的人最可以做的。」

我沒有辦法反駁。我從閱讀中得到這麼多養分，造就了現

在幸福的我，難道我不用付出一點、不用回饋？我默然。

所以，有了這本書，裡頭有著經歷過許多困難和掙扎的故事。不確定會影響多少人，但希望這本書的價值是：有某個人、某個時間，被我的書打動；希望可以讓現在正受困的靈魂，看見光的存在和撫慰。這是我寫這本書最大的目的，也是這本書存在的初衷。

祝福，某個正在黑暗中的你，可以從這本小小的書中，找到光的存在。祈願，我走過的一切，可以給看這本書的你一點了解的目光、啟發的思緒、安心當下的力量。這就是我最大的期盼了。

目錄

PART 1 我的起點

PART 2 我的策略

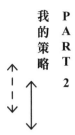

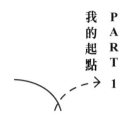

PART 1

我的起點

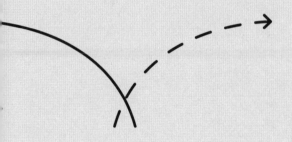

01 我家只有農民曆

任何苦難，都是包著祝福的禮物。

十幾年前，我剛考上教師不久，從嘉義縣調動到彰化鄉間的一所中型小學。三年級的孩子純樸天真、可愛活潑，只是自然和社會科的題目看不太懂，好多詞彙沒有聽過，日記寫的字都是隨意拼湊，說話的時候經常只是點頭、搖頭，或者吐出單詞，說不出完整的句子。

我一邊加強孩子們的口語訓練，同步回想在台中市市區小學實習的經驗。記得，當時的輔導老師請每個孩子帶三本書來學校分享，如此一來全班即可募集一百多本好書，有些家長甚至還幫孩子多準備幾本。這些好書在班級裡，不久就會被「小書蟲們」啃食完畢，帶來許多跳躍性的成長。

「好，就這麼辦！」我歡喜的想著，一切就從建立班級的小小圖書館開始吧！告訴孩子們募集活動後，開始滿心期待著隔天孩子們帶來的好書資源。

沒想到，隔天我請孩子們把書拿出來時，「老師，我家沒書！」、「嘿啊，老師，我阿嬤說沒有錢買書啦！」我瞪大眼睛，數了數帶書來的孩子，全班二十四個孩子中，帶書來的只有「五」個！只有「五」個！

這跟我想像的天差地遠。家裡怎麼會沒有書呢？怎麼只有這麼少的孩子在看書呢？震驚之餘，我只能請這五個孩子把書帶到前面來。

這一看，又更驚訝了！

我失望的說：「小朋友，你這本書不太適合放在我們班級裡欸！」

「可是老師我們家只有這本書，我還跟阿嬤拜託很久欸！」孩子抗議著。

「但……你這本是《農民曆》，我想不太適合放在班級裡面……」，我不好意思說的是，這本《農民曆》封面破損得很嚴重，而且還是去年的。

後面有個可愛小胖一聽，馬上就說：「老師他那本不行，我這本一定可以！」、「老師，我跟你說我這本很高級喔！是彩色的！」他說著，眼睛都亮了起來。

我一聽，瞬間心情陰霾全數散開，還好，還有家長重視閱讀，這孩子帶來的肯定是繪本吧？沒關係，先求有，再求好，有家長這麼支持，有支持就有希望，從一個、兩個家長慢慢擴散到全班家長也很好啊！

於是，我開心的翻開這本彩色的高級書，嗯……是彩色的沒有錯，但「上刀山、下油鍋……」孩子啊，這本是「佛經」啊！最後封底還寫著「某某寺廟贈閱」。

就這樣，一下子打醒了我這個從都市到偏鄉的「都市俗」，原來很多事情不是我想的這麼簡單，也不是我想的這般理所當然，我前方的閱讀路似乎還很漫長。

02 沒有書的圖書館

既然，請孩子從家裡帶書這條路不通，那麼，從學校圖書館尋求共讀的資源總可以吧？

一踏進學校圖書室，全校十二班的小學圖書室卻只有一間教室大，四面牆壁都是書籍，擋住了光線不說，通風不佳，九月天，悶熱得緊。書籍呢，大約只有「五千」本，很多還是《政府人口彙編》、《濁水溪漫談》。老舊的封面，破損的破損，適合孩子的大約只有一、二個書櫃的區區幾十本，跟我想像中的圖書館藏書量相較，差距真的好大！

這是所農村型學校，附近沒有書局，僅有一間小小的文具行。孩子最近的閱讀基地，是六公里外的鄉立圖書館。但通往圖書館的那條路上，經常只有砂石車呼嘯來回，危險得很，孩子生活中根本接觸不到書。

可是，孩子的成長怎能沒有閱讀養分？只靠教科書，是無法撐起高年級教材裡大量的資訊和知識結構。三、四年級是孩童很重要的閱讀萌芽期，如果在這個年齡階段沒有學會「如何閱讀」，那麼高年級的「從閱讀中學習」對他們來說是多麼吃力的事啊！

只有閱讀，能帶領孩子輕鬆大量識字；唯有閱讀，能讓文字的美好靈魂滲入血液陶冶品格；僅有閱讀，能啟動系統性的自學力。

但若現況是家裡沒有書、學校沒有書、社區的書籍又這麼遠，我怎麼和孩子徜徉在書的世界裡？怎麼和孩子在書籍裡找到興趣？甚或對教科書的內容有疑問、想知道更多的時候，到哪裡去查閱？怎麼共讀？如何主題探索？

在這樣貧瘠的條件下，現在才開始募集書籍、整理書籍，時間夠嗎？錯過與逝去的時間，能彌補孩子遺落的閱讀經驗嗎？而那些珍貴的時間，該用什麼來填補呢？

突然間，在充滿缺憾的閱讀環境裡，我遇見了曙光。當時《國語日報》正在積極推動「讀報實驗班」活動，只要提出申請，「每天」就有十幾份報紙送達學校，供孩子閱讀。

天啊，這正是老天送來的大禮！豐沛的素材、多元的內容，就是最簡單、最即刻的閱讀材料。感謝老天聽到我的聲聲呼喚，我能預見，孩子們即將擁有不一樣的閱讀環境，因此我馬上提出申請，同步開始設計課程，腦子裡不斷遙想和孩子的讀報時光，準備帶領他們學習的閱讀策略。

只是，這個天外飛來的閱讀轉機，並未終結這一路走來的窒礙顛簸。

03 到校長室喝咖啡

《國語日報》真的是很好的閱讀資源，一來有注音，適合小學階段的初學者學習閱讀；二來短短的文章對孩子來說容易吸收，閱讀後的口述報告也很容易讓老師發覺孩子卡住的地方，不管是生字不懂、詞語不會、延伸的言外之音不理解，都可以很快進行偵測診斷，進而補救。

閱讀，除了能累積識字率、詞彙量外，透過閱讀，也有助於提升寫作與表達能力。

在教學經驗上我們發現，學習閱讀後，並非每個孩子都能順利的從讀的輸入接軌到寫的產出。孩子閱讀，若只是單向直接的進入故事情境，沒有注意情節如何鋪陳、角色如何營造、對話如何顯現角色個性，自然無法察覺到這些細膩的寫作技巧。《國語日報》的刊登文章，都是同齡孩子所寫，同齡的想法、生活經驗差不多，孩子閱讀作品容易遷移寫作技巧，建立一篇文章的概念。此外，不管孩子程度為何，報上有短篇到長篇可選，確實是提升識字、閱讀和寫作能力的利器。

只是，當我歡欣鼓舞積極推行讀報活動的當下，萬萬沒想到，教室外面的世界已悄然變色。

一開始，先收到孩子零星的反應：「老師，我們安親班老師說你教得太慢，請你要趕快上完，我們後面要留很多時間寫測驗卷。」

接著，有家長反彈說：「老師你推這些『有的沒有的』，是要做什麼？怎麼不多印一些測驗卷給他們寫就好？」

慢半拍的我，對這些前哨「警報」渾然不察，以為只要好好說明、細細交代就可以，卻忘記做好深入的親師溝通，也忽略了學區特性。

一個人口外流嚴重的學區，家長多以務農為生，學校圖書館的藏書概況已無聲說明這裡的閱讀風氣。家長對孩子的唯一盼望是「用學業表現來創造人生勝利組」，所謂的學業表現就是成績好，因為在他們心中，成績好代表未來能考取好學校、找到好工作，再回來幫助改善家中經濟。

農村家長對外接收新資訊的來源多是電視和新聞，這些狹窄的視角，使他們在為孩子付出青春歲月的同時，也心心念念的希望孩子「出人頭地」，而出人頭地對他們來說，最重要的唯一，就是「成績」。

格言「書中自有顏如玉，書中自有黃金屋」裡的書當然只有教科書，只要有好成績，就會有好學校、好工作、好薪水，就不用像爸爸媽媽這樣，天天日日辛苦下田、為錢發愁。這個新來的「狀況外」老師，為什麼膽敢把我們的信念推翻，把我們拚命呵護的兒女當做白老鼠來做什麼實驗?!

回頭想想，那時的我不夠成熟，不理解親師溝通的重要性，沒有看見家長的屬性和需求，太投入在自己的想像世界，忽略了實行新教學方法可能會為家長帶來的恐懼和擔憂。

而我執著的推行「該做的」閱讀運動，讓潛藏的衝突一觸即發。首先，是孩子在課堂上的眼神充滿疑惑，家長跟隔壁班老師借考卷要我發下，主任欲言又止的無奈，累積到最後就是我被請到校長室喝咖啡。

面對這樣的處境，我的內心充斥了滿滿的不解和委屈。反覆自問：我這麼努力，希望用閱讀提升孩子的學習能力，難道是錯的嗎？

其實我心底也清楚，當時的我是新進教師，校長主任們也不清楚我的教學風格，面臨這樣的親師衝突危機，他們一方面不了解我，一方面也怕傷了我，能做的就是先輕輕說：「要做好溝通啊！」

而後，一個個來關心的同事，也都成為我的壓力來源。他們一回回的擔憂眼神，都被我負面解讀成沒做好「老師」這個工作的指責。那時的我好無助，深深覺得自己不被信任、不被大家所認同。面對排山倒海的問題，到後來，連原本相信我的家長都來問：「老師，這樣真的沒有問題嗎？」在這一刻，我崩潰了，自信心也被擊垮了。

教學工作，需要漫長的沉澱與積累，不同的價值觀會有不一樣的看法和做法。閱讀能幫助孩子學習的重要性無庸置疑，但回饋到成績的成長卻無法速成。當親師之間尚未建立起信任感，我與同事間的共識也還未被搭起時，無論要推動什麼，都顯得格外困難。

「換老師」的謠言猶如壓垮我的最後一根稻草，鄉下地方訊息總是傳得特別快，已經有其他的學生家長放話以後不進我的班。

幾個月後，主任告訴我：「不行了，你要去這些表示反對的家庭走一趟。」戒慎惶恐的我，騎著摩托車帶著兩大袋資料，深入拜訪每個已對我產生隔閡、誤解的家庭。家長臉色不悅的在前方坐好，像是教師甄試會場的評審一樣。孩子就在旁邊，聽著家長怎麼訓我話……。

現在說來輕鬆，當時令我氣餒、受挫的場景仍歷歷在目。那段日子，每回走進教室、站上講台都需要好多勇氣。因為由講台上往下望去，清楚的看見孩子表情和眼神透露著：「我爸媽說你怎樣……。」

猶記得那時經常躲在學校廁所間，深呼吸，對自己喊「加油」，才有勇氣繼續面對。每天放學回家，我總是騎在空無一人的鄉間小路，大喊大哭著，讓眼淚肆意飛奔發洩，就這樣一路哭著回到租屋處。我意興闌珊、失去信心，不知道經過幾次崩潰大哭之後，我終於靜下來，書寫。我問自己：現在呢？接下來呢？

其實，前方的路非常清楚明確：一條指向成績、一條指向閱讀。

三年級的孩子，要成績，多簡單，你要成績多甜就多甜。大量練習、分析題型、每天聽寫、過度精熟。反之，一個新手老師，在陌生的環境，鄉下學校謠言傳得特別快。一旦被定型，之後這些學生的家長就會到處「放送」，人言可畏，三人成虎，我的帶班之路看來困難重重。

即使如此，有個信念是我從未動搖的，那就是「中年級是閱讀的黃金期」，這時的孩子如果沒有辦法「學習如何閱讀」，之後到高年級就不可能會「用閱讀學習」。錯失這兩年，孩子很可能永遠追不回閱讀的落差。到了高年級的議論文寫作、因數倍數，更加不易產生自己的想法做論述，從具體過渡到抽象概念的建立也更顯困難。

正當我煩惱著不知道該如何選擇、站在教學的分岔路口上，仍是閱讀拉了我一把。苦悶的我，想起作家侯文詠書裡的一段。他說，任職台大醫院麻醉科醫師時，如果有個生命在手術台上殞落時，他總覺得，這些靈魂會跟著他一輩子。

我看見這段文字，想起我的學生。我呢？如果，十年後再度遇見或想起這群孩子，我要用什麼樣的表情和態度去面對他們和他們的家長？我可以坦然面對他們，告訴他們在過去曾經交集的時間裡，我盡力付出、我坦然無愧嗎？

是閱讀讓我看見偉大的心靈總是如何選擇，是閱讀讓我知道經過漫長時間之後，留下來的，才是真正重要的。真相，是時間的女兒。

我試著回答這些心裡的問題，慢慢安撫了我的躊躇。閱讀讓我想清楚我要的人生，看清楚兩條路的後果，然後，我可以平靜接受自己的選擇，即便會受到許多不諒解和痛苦，但我堅定的知道，這是我對閱讀的信念，不做會後悔。

於是，我選擇繼續推動閱讀這條路，不管未來會受到多少苛責和不了解。

之後，儘管還是常被請到校長室喝咖啡，儘管家長還是去隔壁班老師那兒印了數學考卷，丟在桌上叫我發、要我改。我還是每天和孩子讀報、和孩子閱讀、和家長持續溝通。

一年後，孩子的成績提升了。情況翻轉。家長們紛紛開始支持我。

每次在許多研習場合中分享這段故事，常有老師問我：如果孩子的成績沒有提升怎麼辦？說真的，我也不知道，不過，這問題不重要。因為，我推動閱讀，不是為了成績，是為了學生、為了我確信的「閱讀路」，唯此而已。

多年後，我才發現這段深刻的歷程成為我推動閱讀的初衷，也替我帶來了許多機會，更改寫了我的人生劇本。

04 和家長交心

過去那一年的眼淚，讓我發現自己在面對新學校、新環境時，和家長的溝通做得並不好。我沒有告訴家長我想做的事情、我心裡遠大的孩子的未來，我單方面以為家長都知道，難怪困難挑戰鋪天蓋地而來。

這樣不行。我體認到，如果真的要為孩子做些事情，跳過家長只會事倍功半，儘管在學校拉得很辛苦，但回家全部歸零重來，就像是在海邊堆沙堡，浪打過來一切瞬間消失，只是做白工。家庭教育最重要，家長是孩子的第一個老師，而教師只有和家長一起朝同樣的方向努力，孩子才能真正改變。

痛定思痛，我打算主動出擊。在學校比較了解我的做事風格之後，我向主任提出「班親會請給我十分鐘的時間，我想和家長溝通一下閱讀的這件事」，感謝主任同意了。

我認真謹慎的擬定簡報和溝通策略，也閱讀許多說服力的書籍，想著，這一戰最重要，勢必要好好打，一定要做好全盤規劃。而戰略和思考，依舊來自閱讀：

第一，我邀請名人來背書。專家學者比起我這個剛出社會的嫩老師，有分量多了。不管是洪蘭教授從腦神經角度，透過腦部實驗發現，腦部愈受到外界刺激，神經愈能加強連結，因此閱讀愈早成為習慣，判斷力也將提升；李家同博士在《李家同談教育》一書中也說，孩子成績不好是因為閱讀不夠，不僅影響語文，數學等理科也無法了解題意。透過這些專家學者，將最震撼、有分量的實證研究及資訊先傳遞給家長。

第二，呈現國內外的學術研究。雖然我已經邀請專家學者來背書，但畢竟離家長們有些距離，既然多數家長最重成績，那就從成績入手吧！日本廣島大學教育學研究科教授山崎博敏，在二〇〇八年出版的《提高學力的晨讀：每天十分鐘的奇蹟，檢證學習效果》書中，以大量的數據證明，晨讀運動跟日本全國學力調查的成績之間有高度相關。他指出，實施晨讀運動的小學，不只國語的成績明顯高於其他未實施晨讀的學校，也帶動了數學學力的提升。此外，比起在學校晨讀，經常在家中閱讀的孩子，國語和數學的表現也更為突出。

國外的經驗說服不了，就再看看國內老師們的成功經驗。苗栗縣致民國中圖書教師梁語喬帶了三年的畢業班，基測平均成績高於苗栗縣國中生總平均二十四分；新竹縣忠孝國中全面推動晨讀，並結合學習領域，兩年後，學生在基測作文四級分的人數比率從六〇%提升到八〇%（《自由時報》二〇一四年四月）。「閱讀」雖然不全然是為了成績，但對家長來說，卻是最有說服力的證據。

第三，舉出校內活生生例子。我統計了學校各年級各班前三名孩子，羅列出這些孩子的閱讀書籍、本數，提供給家長知道成績和閱讀能力的關係，進而說服。要不直觀想來，閱讀量大、懂閱讀的孩子，閱讀速度快，也因為閱讀量大，資料庫夠多，容易舉一反三、印象深刻。因此，怎能不閱讀？

第四，請家長說服家長。許多反對的家長，其實是因為沒有機會接觸足夠教養資訊，看得不夠遠。我發現，反對家長的孩子往往都是家中排行第一，因為年紀都很小，無法發現閱讀對孩子未來的影響。因此，邀請家中有已經上高中、大學孩子的家長來分享，再回頭來看閱讀對孩子的長遠影響，更可充分引起共鳴。尤其同為家長身分，更能打動其他家長。

第五，往年成功案例現身說法。我甚至邀請已經畢業多年的孩子到親職講座會場，向家長證明閱讀對孩子的影響甚鉅，並以學長姐身分對校內孩子分享自己的閱讀習慣、讀書歷程，以及曾閱讀哪些書籍。這些活生生的學長姐猶如真人圖書館，有實際的人物在眼前，閱讀未來藍圖就可具體繪製。

第六，最新大考出題趨勢分析。考試潮流已經改變，不再是填鴨的課內形音義，考題呈現都是需要詮釋整合、閱讀策略、讀出弦外之音、推論的問題。因此，當考題改變，沒有範圍，最重要的就是真正的閱讀能力。國文如此，且看國中一年級上學期的數學題：

華華、惠惠、佳佳三人比較擲飛鏢，下面是三人的對話。

惠惠說：「我的分數是華華的兩倍。」

佳佳說：「我比華華多五分。」

華華說：「惠惠擲三次，佳佳擲四次，我才擲二次，而且你們兩人平均每次的得分相等。」

請問三人擲飛鏢的總分是多少分？

這樣的題目，沒有一定的閱讀實力，連題目都理解不了，遑論解題？甚至在二〇一八年的學測，國文考題字數更有一萬字，姑且不論優劣，閱讀速度和閱讀理解在考試受重視的程度已非一般。雖然，考試不是閱讀的原因，但在家長還未體會到閱讀樂趣和重要性之前，這樣的理由能先說服家長一同支持而非反對，是我的權宜之策。

第七，動之以情、調整作息。溫情喊話，老師知道每個孩子都是家長的寶，但推動閱讀需要長時間及人力，若不是對孩子未來有幫助，老師何必花這麼多時間推動，做這些辛苦工作？老師所做的一切、多付出的時間，都和家長一樣是為了孩子，若是因為時間不足無法閱讀，那麼，可以平日準備考試的教科書為主，每天早上晨讀十分鐘，星期六日及寒暑假大量閱讀，化零為整的進行閱讀時間規劃，如此既可以兼顧課內，又能儲蓄閱讀能量。同時，也羅列出家長在家能夠協助的部分，例如支持老師、和孩子聊書、親子共讀。

經過如此的宣導，加上成績的證明之後，每次的親職座談總有熱心家長願意擔任義工；圖書館從此就常看見一年級孩子身影，路上也經常遇到家長詢問和孩子閱讀的問題；原本要送醬油、沙拉油還不見得有家長來的親職講座，進行親子閱讀卻客滿，家長也全程參與；從家裡甚少藏書，到校慶當日家長慷慨捐贈許多書籍，孩子也奉獻零用錢共襄盛舉捐書；寒暑假閱讀營也見到家長帶孩子前來的身影等。

我想，只要好好溝通，家長終會了解老師的苦心、閱讀對孩子的影響。當學校與家庭社區、老師和家長校友，擁有相同閱讀願景和努力目標，孩子的閱讀風景於是柳暗花明。

就這樣，我接下生命給我的禮物。

05 慢慢來，比較快

我是個很有毅力的人，相信閱讀重要，就會一頭栽入。除了自告奮勇對全校家長宣導以外，甚至主動要求接下「管理圖書館」這個燙手山芋。可是，我又衝太快了。

其實追根究柢，這一切都跟自己的生活經歷有關。國中開始，父母經商失敗，欠下大筆債務，全家過著顛沛流離、每天被債追的生活。在這樣的十年，是閱讀安頓了我的身心，讓我找到可以翻身的機會和工作，所以我深刻相信，閱讀是翻轉貧窮的力量、是脫離弱勢的機會。

在這樣的脈絡下，看到學生就好像看到從前的我。對於

「閱讀」，我更是無法退讓。長期貧窮而自卑的我，因為大筆債務一有時間就想要工作的我，已經習慣在自己的世界裡埋頭苦做。我在學校認真教學，能給什麼都傾盡所能，我帶讀報、帶閱讀、做活動；我開始募書、寫計畫、改造圖書館，甚至參加閱讀磐石獎比賽……到後來，學校推舉我為「圖書館閱讀推動教師」，負責全校閱讀推動。本來以為自己可以帶動全校閱讀，沒想到卻成了我的致命傷。

現在回想，我當時只是「自以為」同事應該了解我的想法；「自以為」每個老師都應該全力推動閱讀；「自以為」每件事應該只有一個想法、一種做法……過程中，我沒有好好溝通，也沒有時間和其他老師聊聊、關心他們的想法，很多事情都在我自己的殼裡面「自以為」。衝突一觸即發。

當我自願管理圖書館的時候，有些同事認為我刻意討好行政，想往行政主任的位置前進；當我在班級中耕耘的時候，其他老師卻來拍桌說我給隔壁班老師的壓力太大；當我送書到各個班級的時候，老師們不覺得這件事情重要，反而覺得是麻煩：「我們班不用看書」、「我們班沒有書櫃，你不用給我們書」；當我在努力做閱讀成果的時候，同事卻覺得那「跟我無關」。我沒有將成就感和他們一起分享，也沒有讓他們知道我們一起搭建的是多宏偉的大樓。

那個學期，我心裡真的很難過，害怕和同事說話，差點得憂鬱症，認真考慮轉換跑道不當老師。

後來，我調動學校，逼自己離開，也希望自己沉澱思考。奇妙的是，當我離開之後，卻意外修復了關係。幾年後，當我跨足數學或是行動學習的領域，發現這些對於其他老師很輕而易舉的教學，對我來說卻困難重重，連簡單的網路連線，只要我在，就一直當機。

我開始思考，我是不是太單一了？我的我執和生長經歷，讓我覺得「閱讀」是唯一的道路，忘記多元的管道其實都是好事，不管是閱讀、行動學習、主題研究、科學展覽，甚至是單純的教學。太過用力不見得就好，任何教學對於不同的學生來說，都是不同的養分。

而在我心裡，面對和我不一樣的老師時，自己已經下了「不認真」的批判，自以為優越的自大，更讓我融不進同事的圈子裡。加上一向都是需要「求生」的高速生活，我也慢不下來，一直處在很快的生活速度，嚴以律己、嚴以律人。

之後幾年，我思考，如果我的目標是希望好多孩子都可以快樂學習、領略閱讀樂趣，那麼除了邀請家長，也要讓其他老師們了解，一起為孩子努力。

想清楚後，我把急性子收起來，把對學生的耐心和體諒拿出來，努力去聽老師的故事，和老師產生連結；我把腳步放慢，只要是想分享給老師們的教學，我一定先做，有了省思、有了材料，再分享給老師們。我努力降低改變的擔心和焦慮。

慢慢的，我發現每個老師都有不同特質，不一定是閱讀，但可以是足球、創客、數學、桌遊、攝影、木工……就像喜歡看的書都不一樣，但都是閱讀；對孩子的教育切入點都不一樣，但都是愛，殊途同歸。

而對於閱讀擔心害怕、不知如何帶領的老師，我告訴他們：不然你課可以借我上，請老師幫我拍照。希望老師發現，其實我也沒有多了不起，只是多一點前輩教我方法罷了。

或者，是募了許多書之後，我把書的來源、基金會的故事，變成一個個故事，在朝會上說一點，有了脈絡，希望同事們知道，書到我們手上，不再只是一本書，還承載了濃濃的愛和期待。老師看待書籍的眼光也不一樣了。

我也邀請附近學校、同縣市同年級的老師來分享，我們的孩子和困境差不多，但別人是怎麼突破的？藉由這樣的分享，可以豐富我們的想像、想法，也幫助老師更容易遷移教學。

如今回頭再看這一段，深深感到「陪伴老師成長」是我很重要的養分。當我看懂他們沒說出口的擔心和害怕，然後讓自己慢下來去陪伴支持，成為別人的夥伴時，我也終於找到自己的夥伴。

親師一起讀

《與成功有約：高效能人士的七個習慣》
史蒂芬·柯維 著 顧淑馨 譯
天下文化出版

許多成功法也許速成卻不長久，只有從心裡的品格觀念開始，表裡一致，才能成為自己生命的領導者。

全書分成七大習慣：主動積極、以終為始、要事第一、雙贏思維、知彼解己、統合綜效、不斷更新。個人先從自己的成功開始，再尋求團體的成功。當然，這裡的成功已非一般世俗，而是活出自己生命的劇本、成為自己生命的主人。其中的雙贏思維改變了我對同事的執著，讓我懂得更尊重不同想法和可能，內心平靜。

《被討厭的勇氣：自我啟發之父「阿德勒」的教導》

岸見一郎、古賀史健　著　葉小燕　譯

究竟出版

從否定心理創傷，開放了個人生活的自主性、選擇自己的生活、跳過人際關係的競爭，就可以跳脫人際關係的煩惱，感受到人人都是自己的夥伴。我特別有興趣的是「當對方挑起權力鬥爭時，絕對不要隨之起舞。我們可以不用依賴憤怒這種工具，且人只要在人際關係中確信『我是對的』，那瞬間就已經一腳踏入了權力鬥爭。因此，只要認為自己是對的，那麼不管其他人的意見是什麼，都應該在這裡劃下句點。」

而特別的「割捨別人的課題」，否認認同的需求，不要為了他人的期望而活，才能解決人際關係的煩惱，也才能真正獲得自己想要的自由，活出自己的人生。

這樣割捨，並不是自私自利，而是不要把自己當成世界的中心，要學習傾聽更大的共同體之聲，把「貢獻自己」放在北極星的位置。認真的在此時此刻跳著自己的舞，認真生活。不看過去，不看未來，活在每個終結的剎那中。不必與誰競爭，也不需要目的地。

《成長性思維學習指南：幫助孩子達成目標，打造心態致勝的實戰教室》

安妮．布魯克、希瑟．韓德利　著　王素蓮　譯

親子天下出版

你相信，就會成真。不是不會，只是「現在還不會而已」。在我們著急孩子不會的當下，擔心、挫敗、懊惱，化成情緒，變成傷害性的文字，一說出、被孩子感受到了，就造成孩子對自己的歸因、自我觀感。而一個自我觀感低落的孩子，要重新拾回信心是很難的。

深呼吸，感受自己的焦慮和挫敗，然後說：「這裡真的比較難，要多學幾次」、「我們來試試別的方式說看看」、「謝謝你告訴我你這裡不會，讓我知道怎麼幫助你」、「我們一起努力再試看看」……而怎麼讓自己和孩子相信自己有無限可能，這本書提供了十二個月的做法。

06 搶救惡魔班

那年的六月三十日，正準備放暑假的我，無預警被校長要求放棄手上帶的班級，轉帶另一班，正是全校老師沒有人要帶的一班。

我當時可以拒絕，畢竟手上的孩子就要邁向第二年，那班孩子可愛天真，我們一起做了好多活動，第二年還有好多藍圖正準備實現。但我想，哪一班比較需要我？答案再清楚不過，我為難的答應了。當時的科任老師對我說：「怡辰老師，你竟然要去帶『惡魔班』？」我才知這班竟有這樣的封號。

剛接任，發現班上有三種學生：第一種，根本沒在聽。據前導師說，從三年級就這樣了，總是在睡覺，總是沒醒來，像遊魂似的，你叫叫他，他回應一聲，又飄走了。第二種，有在聽，但自我中心強，偏偏就不照你說的話做，「憑什麼」、「我覺得這樣比較好」、「我要這樣自己做做看」。即便先花了時間溝通：有沒有意見？可以嗎？同意嗎？結果就是和你說的不一樣。第三種最可憐，他其實有聽到，可是聽不懂又不敢說，只好左右張望，看旁邊同學打算怎麼做，但左邊的是沒聽到、右邊的是不要做，他也只好無功而返。

這班孩子常被科任老師告狀，所以我只好跟著上課了解情形，發現從科任老師說的話可以窺知一二。社會老師說：「醒醒啊！不要再睡了！」因為一直沒醒來。自然老師說：「我翻譯一下。」因為科普文章大多是說明文，孩子很多不懂，每次翻譯完，台下就會：「喔！原來是這樣喔！」

英文老師最辛苦，每節課都要重複數十次：「我再說一遍。」因為總有人沒聽到。記得有一次規定的英文作業，全班竟然有七、八種不一樣的作業。有的寫了一次、有的三次、有的五次、有的八次、有的沒寫……，當全班正因為到底英文老師說幾次爭吵不休的時候，被我安撫，我請英文小老師去問英文老師。令我驚訝的是，英文小老師轉述的竟讓全班都聽不懂，不知英文小老師說什麼，原來她也聽不懂又說不清楚。只好請來英文老師本尊：「『我再說一遍』，從這頁的八個句子裡面，自己選三個，每個寫一次！」

初期，每個孩子都與全校師長為敵。老師們的口頭禪是：「我教過××年，沒看過這樣的學生！」大自快要退休主任、小至剛分發到學校的公費老師，全部都受不了這樣的班級。就連閩南語巡迴教師也說：「我去過這麼多學校教閩南語，也沒看過這樣的學生！」

全班自己也與班上同學為敵，儘管他們已經當了四年同班同學。每天吵架、嗆聲、拍桌、講髒話，稍有一點細故，就懷疑他人攻擊、和同學起嚴重爭執，更可怕的是說不出來、說不清楚，所以一委屈就訴諸暴力。能說出口的，嘴裡都說著：誰不對、誰對不起他，小組討論一定吵架。要分組活動的時候，A和B不能在同一組、B和C不能在一起、C和A在一起就會翻桌……他們遇到三年級學弟妹會嗆聲、遇到六年級學長姐會發飆，連選個自治鄉長，全校其他班級都不願意投票給他們，一票都沒有。

這樣連課都沒有辦法上的結果，當然造成學力低落，國語注音符號幾乎全班都錯，數學要從小二加法和乘法開始補救，我好奇的問他們，你們以前到底在幹嘛？他們還會很誠實、有義氣的告訴你：「阿就，以前都在吵架啊，吵了吵，老師就來管我們，管到後來就下課了，課就沒辦法上了。」

這樣的班級，強逼施壓是沒有辦法解決的。他們就像是一個有著硬殼的蛋，遵循著家庭給的價值觀生活，已經認定這樣才是對的，對人懷抱敵意，溝通全部都帶刺，覺得自己一定是對的，如果有不對一定是老師不對、同學不對。

我看著他們，覺得這樣生活好辛苦，一邊努力幫忙補救課業能力，一邊幫忙聽他們想要對我說什麼？過程中我大量的閱讀相關輔導的書籍，想方設法。終於，我讀懂了他們背後的脈絡，一邊心疼他們、一邊溝通團體和個人的界線，還有協助處理他們和各科任老師的衝突。

「從閱讀開始吧！」只有閱讀，是從自己心裡開始，而非從外面加壓。儘管剛開始連繪本都讀不懂，經過一年的時間，孩子們從「繪本看不懂」蛻變到「全班都閱讀少年小說」。只有「一年」！

我做的事情很簡單，就是提供大量書籍，引爆他們的閱讀興趣，喜歡棒球的我就給《就是愛打棒球！讓你技巧進步的漫畫圖解棒球百科》，喜歡籃球的我就給籃球明星雜誌，喜歡鬼故事的我就給《有人在鹿港搞鬼》、《妖怪醫院》、《晴空小侍郎》……要多少有多少，滿足他們的所有想像。每天二十分鐘晨讀培養他們的閱讀習慣，有一節課聊書以提升他們的閱讀品味。從漫畫、繪本、橋梁書到小說，從語文、科普、偵探到史哲。我呵護著他們的閱讀動機，小心提升他們的閱讀能力，不管晴雨、月考，每天每天都在我的教室裡累積，最後帶來閱讀複利的爆炸力量。

除了閱讀能力、閱讀策略以外，更重要的是，藉由主動閱讀的過程，孩子願意閱讀、和文本互動、發現價值觀和大部分的人不同之後，有了覺知，才會發現自己需要改變。自己認為需要改變，改變也才能真正發生。

例如我們一起閱讀課本中節錄的《佐賀的超級阿嬤》，你可以讀出阿嬤在背後沒有說出來的體貼嗎？你可以說出阿嬤的心情嗎？同理心是教不來的，但是閱讀可以，讀出來之後我們把它寫下來，因為文字可以穿越時間，讀完感動了、寫下來之後還要行動，我們一起來練習佐賀阿嬤怎麼轉念，落實在生活中。閱讀可以帶來思想的改變，思想改變了，行動改變，行動影響習慣，行動促成性格，性格才真的可以改變命運。

我不把他們和我以前教過的孩子做比較，不預設立場、成績。我只認真看著他們的不同，認真聽他們說話，誠實面對他們，接受並理解他們的情緒，詢問一個個問題促進覺知：「你覺得這樣的思考對自己帶來什麼影響？」、「那有想要改變嗎？」、「我很好奇你是怎麼想的？」……有的需要長時間思考、有的爆哭、有的崩潰、有的原本就悲觀得一蹶不振……於是，趁著閱讀後既有價值觀被鬆動，再找機會一個個來詳談，溝通、思考、坦承自己想法，進而達成共識、擬定策略、練習應對，然後，再等待下一次的詳談。這不是簡單的事，尤其十幾年養成的慣性和家庭思考模式已定。

但透過閱讀教我的對話技巧，我可以覺知自己的應對姿態，不斷看見我執，練習怎麼全然接受。當我有一次疏忽冤枉孩子時，我坦承並向全班道歉，在那之後，孩子眼神不一樣了，開始鬆動了。而後，終於有了「教」的可能。藉由閱讀架起的橋梁，讓雙方有充足的對話空間，看見彼此情緒、想法與渴望，呵護動機和看見努力，再一起往更好的方向走去。這是閱讀給的禮物。

最後，透過閱讀讀入價值觀、同理心和覺知，孩子畢業時變得截然不同，我也無愧於心。

其實說穿了，惡魔班其實就是價值觀和想法比較不一樣。在這個過程中，要改變人是辛苦的，加壓的壓力都會成為反彈的力量。藉由閱讀，書裡的真善美、思考、覺知，會讓孩子去思考，從閱讀中看見外界的價值觀和他的不一樣，那麼，要改變嗎？要怎麼改變呢？閱讀裡也有答案。

回頭來看，真的要感謝這一班，讓我修改我的教學，省思在主流價值中如何幫他們找出一條不同的道路。也因為孩子學力嚴重低落，數學尤其有困難，讓我正視他們的困難，耐心的陪伴他們前進，也因此開啟了我的數學教學研究之路。也是這一班的挑戰，讓我大量閱讀專業書籍、勵志書籍、心靈成長書籍，探求原因，尋找解決策略，強化自己正向的信念。更尋求網路上不同資源和夥伴，進而不斷學習、不斷提升。

除了佩服自己的勇於挑戰以外，更多的是感恩的心情，讓我在經歷了每一次的困挫之後，迅速成長；每一回的眼淚和痛苦後，更豐厚的，是我自己的人生。

親師一起讀

《交心：啟動孩子的內在動機》

蘇明進 著

親子天下出版

「怎麼訂做一群貼心的孩子」、「怎麼讓他們面對自己、看見自己」、「怎麼讓他們喜歡數學」、「禮貌多重要」……生氣的時候翻翻、受挫的時候翻翻、開心的時候翻翻。書中看見蘇老師是這樣努力的要把孩子教好，不放棄的努力在時間裡奔跑，溫暖的同理孩子，卻又堅定的守住防線。因為，他也希望孩子有更好的未來。除了激勵，書裡有很多實際的策略可以執行。

《心教：點燃每個孩子的學習渴望》
李崇建 著
寶瓶文化出版

先覺知自己、安頓自己，再帶著純然的好奇去看見孩子。沒有想要改變孩子的起始點，就鬆動了緊張的彼此關係。坦誠、一致性，孩子才會放心的和你真實交流，而教育，要先有真實才會有教的可能。書中有不同的應對姿態和對話呈現，對於和孩子的交流上能幫大忙。

PART 2

我的策略

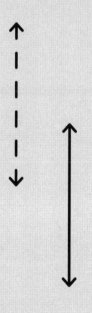

07 書從哪裡來？

推動閱讀第一個想到的就是書從哪裡來？一開始，學校圖書館只有五千多本書，巧婦難為無米之炊。

當時，先申請了《國語日報》讀報實驗班，解決沒有書的燃眉之急。報紙和圖書不同，裡面既有短篇故事適合剛起步的三年級孩子，又有許多新聞、科學、語文文章、童話等等不同閱讀媒材。這些具有時間性的新聞，是書本比較缺乏的。

只是，報紙的閱讀需要帶領，讓孩子了解不同屬性的閱讀方法，為此我學習、設計不同的教學策略，像是讀報賓果、遊戲、仿寫、接寫、剪報、創報等一連串讀報課程，讓孩子熟悉閱讀策略，奠定閱讀習慣。

但長篇書籍閱讀對孩子來說仍是必要的，經由長篇和主題閱讀，才有深度和系統。因此我開始募書，先從專業的人開始，像是熟識的設備組長、主任，詢問他們哪裡有資源、學校的購書經費從何而來。除了學校有家長會固定編列經費、教育局處有經費、計畫的剩餘款、雜支以外，像是地方性的基金會，例如林賴足基金會、李映慧老師、誠品文教基金會等，我都寫信去申請。常見的書籍來源包括：

一、**學校經費或家長會支援：**有些學校和家長會有固定的經費，別忘記好好把握選書的機會。不管是和教科書搭配的書籍，或是得過獎項的書籍，務必好好利用。每年添購不同面向的書籍，積少成多。

二、**愛的書庫：**愛的書庫可以免費借閱共讀書籍，也是一個極推薦的書籍來源。

三、二手書：誠品文教基金會網站可以由學校單位申請，還可以選擇不同類別。其他像是茉莉二手書店、讀冊二手書網站，都有便宜的二手書籍可以購置，省下班級費用。

四、資料庫：國立資訊圖書館的資料庫帳號申請免費，申請過後就有大量的電子書或是資料庫可以利用。班級閱讀不妨多利用平板，但比較推薦繪本閱讀，長期用電子載具觀看橋梁書和少年小說，比較傷眼睛。

五、家長：可以在開學初向家長說明兩年帶班期間希望購置的書籍，每位家長提供一、二本費用，大班級就有許多書籍可供使用。

當年圖書資源不像現今豐沛，我當時還在BBS貼文募書。

當然，募來的二手書不一定符合學校的要求，有些雜誌和破損嚴重的書也不適合上架，但我都徵得捐書單位的同意，可以將適合的納入館藏，不適合則舉辦送書會，讓孩子帶回家，享受擁有一本書的感覺。

當你可以擁有一本喜歡的書，時時翻閱，那種歸屬感和感受截然不同，因為「是我的書」。書籍在家裡躺著、存在著，就是一種美好的存在。也許，孩子的表弟堂姐都有機會接觸到這些書，那麼這區區幾百本的書，經過交流和旅行，就有無限的可能。

在這樣多方募集下，書籍愈來愈多、消息愈傳愈遠。沒想到，竟然湧入了幾百本優質的繪本。一問之下，才知道是知名繪本出版社的總經理得知消息，把回頭書都給我們。想起《牧羊少年奇幻之旅》裡說的：「當你真心渴望某樣東西，整個宇宙都會聯合起來幫你完成！」真是一點都不假。

過程中，誠品文教基金會和李映慧老師最令我感動。前者開啟了我和基金會長時間的合作，不管是二、三十箱幾百幾千本的舊書、書車活動、作家有約、教師培訓講座等等，都延伸了學校的閱讀觸角，幫教師建立閱讀哲學觀。漸漸的，不只書籍，連活動都一應俱全，還給了學校長遠獨立推動閱讀的關鍵能力。

而李映慧老師的做法更令我動容。李映慧老師只是民間的單獨個人，但聽見我們需要書籍的消息，大老遠到學校圖書室參訪，為的只是希望捐出來的書籍可以符合學校端的需要，不只是送出重複的書籍，所以一定要親自來看圖書室藏書的現況。這樣為對方著想的心意，還有當天映慧老師看書的眼光，都深深震撼著我。

那天，李映慧老師走到一個個櫃子前面，侃侃而談著不同種類書籍的價值。看見內容低劣的書，映慧老師就將之銷毀，以免傷害更多孩子的心靈。從中，我獲得許多管理圖書的使命和價值觀。

經過幾年，學校藏書量已經大大提升，我想，應該是向家長募書的時候了。

對於當時社區的家長而言，多數家庭必須依賴學校申請補助，要他們購買一本幾百元的圖書，真的不是件容易的事。但人助自助，一來我希望家長可以重視學校圖書室藏書，二來也是試探我們的家長是否已經轉為重視閱讀的家長，會為孩子買書、捐書。於是，運動會的時候，我把學校需要的書單一一列了下來，放大成大張海報，貼在學校入口最顯眼的地方，只要家長一捐書，就把大大姓名寫上去，書上也列了感謝狀。每個翻開書的孩子，都知道這本書的背後是誰的愛心。

一整天下來，家長和同事捐出的書籍，超過百本。我知道，家長也不一樣了。

因為這個歷程，學校年年有新書，我也進一步舉辦新書發表會、主題書展，讓書流動。也因為這個歷程，書籍量暴增，原來的圖書館已無法納入這麼大量的書籍，才踏上之後的圖書館改建之路。

08 師生齊心，沙漠也能變綠洲

我從閱讀中知道：想達成夢想，就要敢於向宇宙下訂單，愈仔細愈好。

一個完善的圖書館，是我接下來的夢。但我從閱讀中體認，敢於做夢之餘，更重要的是要看見夢想和現實的距離。因此，我去了很多圖書館參訪，為的是具體勾勒我的夢想藍圖。

二〇〇九年，我在部落格中寫下：「在書籍量至少上萬、新書居多的圖書室裡，小朋友認真的閱讀著書籍，旁邊原木地板還有視聽區，多棒啊！老師的區域有小說、教育書籍、報紙、雜誌，也許還有一壺熱茶、電腦，隨時可以充實自己，悠哉的躺在懶骨頭上聽著音樂，還有許多的視聽媒體……」即便我當時只是個菜鳥老師，心裡卻想著：十年！給我十年總可以達成吧！

沒想到，寫在部落格之後，三年，就達成了！

當時，我等到一紙公文，可以申請圖書館硬體設備補助。我開心的帶著公文去找校長，邱顯場校長驚訝的看著我，認真的確認。當然，我太年輕，很多都不懂，光是經費概算就從來都沒有做過，常多做多錯，錯了又改，賠罪道歉，再重來，我那時想，如果目標在遠方，就不用介意腳裡的沙子。改建不是那麼簡單，還好有基金會、家長會，還有擔任木工的家長、同事畫設計圖、配色、調整，校長也捐贈壁畫、一同參訪其他圖書館……才讓嶄新的夢想圖書室落成。

現在想來，除了一股傻勁，多虧有這群願意伸出援手的長官和同事，才讓我有任性的空間。

而為了要讓圖書館環境更好，我思考，如果在圖書館放些玩偶，增添柔性的氣氛，那該多好？但資源這麼少，怎麼募集？其實沒錢有沒錢的做法，我在部落格和臉書招募娃娃，也讓孩子捐贈娃娃，只要捐贈的，就可以獲得圖書館的「VIP」資格。圖書館VIP其實只是善用孩子愛閱讀的天性，只要成為圖書館VIP，可享有借閱冊數增加、借閱時間拉長的專屬權利，尤其圖書館不能借閱的漫畫，VIP統統可以借閱出去。沒多久，來了大獅子和小叮噹布偶，還有教育界的夥伴寄來小熊。資源其實一直都在，就看有沒有對的頻率和管道可以媒合。

最後圖書館美侖美奐，但我心裡其實還有更遠大的目標：重新編目。也就是說，當時募集的一萬五千多本書的每一本，我都要輸入電腦、整理、編上分類號和櫃號，連櫃號都要輸入電腦。

看起來似乎沒什麼，但你知道，愛閱讀的人最終會走向「主題閱讀」的道路。

在一個雜亂的圖書館，孩子和書的關係，是一個孩子面對一本書，至於哪個孩子要和哪本書相遇，就只能看「緣分」。如果是一個編目完整的圖書館，有專人管理，採買全面，各式各樣的書籍都有，孩子在這個眾多種類的圖書館裡可以找到自己有興趣的書籍、找到自己的天賦，那麼孩子和書的關係會變成一個孩子面對一系列的書籍，順利跨越到主題閱讀。書的力量會帶孩子到我們想像不到的地方。

舉例來說，小男生喜歡恐龍，在編目完整的圖書館裡，低年級的時候他會知道，編號「三六〇」櫃架是恐龍書的大本營，然後興味盎然的在這櫃裡一本本啃食，等到他學會了圖書館教育裡的查詢，在網頁上輸入「恐龍」兩個字，有關恐龍的一切都會跳出來：恐龍的進化、恐龍的繪本、恐龍的迷宮、恐龍的小說、恐龍的美術製作……洋洋灑灑好幾十本。孩子藉由閱讀這一系列的書籍，藉由評比，慢慢形成自己的閱讀品味；藉由這些書的比較，漸漸知道什麼樣的書適合自己。可能是恐龍的圖鑑、恐龍的演化、恐龍的小詩、恐龍的文學繪本、幻想到恐龍時代的冒險記、挖恐龍骨頭的考古學、恐龍的畫冊等等。這時候，已經不是一個孩子對一本書，而是一個孩子對某個大主題的一疊書。

這疊書，除了可以讓這個孩子針對主題進行深入多方的探索，讓知識更專業深入，還可以提升孩子對於書籍的更高品味：一樣的是恐龍的書，哪些書的排版、內容比較適合我，品味自然形成；更重要的是，孩子很容易經由閱讀不同分類同主題的書，發覺更多跨學科的書籍。藉由這些跨學科書籍的閱讀，讓知識不單單在書本中，而終將「觸類旁通」，增加許多類化的經驗。當「同化」和「調適」一再發生，未來，可以想像會有多精采！

但這遠大的工程，需要人力。我還清楚記得，當我向校長提出要「重編」圖書，所以要分類借書，不同區輪流，以方便我重編作業的時候。校長問了我一句：「是上面規定要重編圖書的嗎？」我回答：「是我自願要做的。」校長又驚訝了。

不難理解，校長會這樣詢問，是因為國小的圖書管理，在我們那樣規模的小學當中，是由一個老師、每週減一節課擔任的，如果真要認真做，從借閱流動、讀者服務、開立書單採購、編目等等，何止是每週一節的工作量？而偌大的圖書館，只有我一個人。

很多學校會有圖書家長志工，但我們的家長忙於工作，光是最重要的交通志工就常常找不到人手，根本沒有辦法分到圖書館。因此圖書館的工作人員，除了我以外，只有幾個高年級的孩子。

在這樣嚴重缺乏人力的條件下，如果真的要做事，我很清楚，我的主力就是學生。因此，我大量製作ＳＯＰ，建立四大部隊：圖書館打掃讀架部隊、借還書部隊、編書部隊，還有投稿部隊。

圖書館打掃和讀架每天早晨和下課出動，每個環節都標準化，每當一個新刺激發生的時候，我一定不會告訴孩子怎麼做，我會先問：「該怎麼做？」讓他們去思考、討論，最後我說我的方法，讓他選擇，希望孩子學習成為領導者而不是追隨者。也因為圖書館重編圖書的時候，早已用了「防呆」機制，利用十種顏色編櫃號，除非孩子無法辨識顏色，不然很難把書籍放錯位置。經過孩子打掃和固定讀架，整個環境乾淨整齊，每次去圖書館，我都感覺神清氣爽。乾淨整齊的環境有了，接下來才有下一步。

借還書部隊是最辛苦的一組，因為圖書館志工通常都是去掉樂隊、國語文競賽、科展、網界博覽會等比賽後，任何一項都沒有參加的孩子。這樣的孩子，用心努力，但反應不是很快速。也因此，常常會漏掉刷還的書籍，每當時間一到要催借還書籍的時候，就會冒出很多委屈的孩子，再加上很多說不清楚的孩子，「我還書了」、「書呢？」、「在家裡」、「老師，我真的有還書」……每天我都像打仗般。

經過漫長試驗，我在志工桌上貼了ＳＯＰ，也一個班級、一個班級的教育著：「一定要看著自己的書還完才可以離開」，經過兩邊同時加強防呆機制，終於落幕。

我的想法是，儘管書籍資源爭取不易，但對於我這樣的愛書人來說，「書是消耗品」。與其放在架上乏人問津，或是放在櫃子裡上了層層的鎖，我都覺得被看破看爛，或是孩子因為很喜歡而把它帶回家，總比孤伶伶的在架上嶄新來得好。因此，不管在班上或是在圖書館，我都「寬鬆」以對，讓孩子隨手可得、隨處有書、方便借閱，書舊了、髒了、破了，才是書之所以為書的價值。如果真的不見了，再寫計畫申請經費購買就是了，我忙一點沒有關係，但「培養孩子成為愛書人」才是我心裡最重要的目標。

編書部隊負責把每本書的編目流程印出來，第一個孩子查詢編目、第二個貼上標籤、第三個貼上櫃號、第四個蓋上藏書章，全程系統化SOP。每一本書，都只有唯一對應的櫃號。反應快的孩子編分類號、再來櫃號，貼上流水號，就可以新書上架。每個中午最多有一百多本可以上架，上架速度快、更新快，圖書館有著持續的吸引力。

最後一個打字部隊，則是當年擔任作文科任教師時，常有優秀的作品，但受限於打字投稿時間，往往都付諸流水。我發現，其實很多事情我們可以「賦權」，於是我到高年級老師那兒問：「老師，您們班有沒有常寫錯字、喜歡打電動打字很快的男生？」因此找到了兩個男孩子當我的打字部隊。沒想到，一個學期後，他們的導師來道謝：「沒想到你管圖書館那麼忙碌，還撥出午休時間指導他們寫作，他們兩個都進步神速啊！真是太感謝你了！」我笑笑，其實我只是請他們打打字。每天看見優秀的作品，從眼睛進入，到手打字輸出，將優秀作品打進心裡了。

感謝這些部隊，撐起了每一個活動：「打掃讀架」、「借還書」、「編書」、「打字」等等。在長時間的推移之下，志工一屆交接一屆，我宛如是一家公司的老闆，管理著小小的員工。當員工被激勵之後，有明確的目標和報酬，基本的工作做好，孩子也持續的提升和成長。

漸漸的，這些小志工還主導了「新書介紹劇」、「開立購書書單」，讓我驚豔。而我提供的，除了偶爾的小小點心，就只有圖書館的VIP了，讓他們可以享有優先借書、借「只能館內閱讀」的漫畫書籍、借閱期比他人長久等「特權」。經過這些時間之後來看，精神性的獎勵才是最珍貴的，也因此孩子已經從「獎勵閱讀」到「閱讀本身就是獎勵了」，因為這是一種自我實踐啊！無怪乎，我的圖書志工幾年下來，應徵人數愈來愈多，最後還得辦理盛大的徵選哩！

孩子也變得不一樣了，「老師，這套書已經出到第三集了，你怎麼還沒買？」、「老師，我們圖書館少了這一類的書，記得要採購喔！」、「老師，我們畢業之後還可以回來借書嗎？」到後來，孩子自然會推著你前進。當孩子有了自己的閱讀動機和品味，老師不進步都不行啊！

就這樣，在圖書館小小志工的幫忙下，大部分的書都編好了。只是我的重編圖書要靠專業的辨認能力，才能順利進行。尤其早期的編目，因為歷經許多位老師，有些一樣的書籍，卻分屬不同的分類號；同一本書，在不同的圖書館裡，也分屬不一樣的分類號。而這些，對於孩子來說太困難，只能靠我一一辨別。

於是，時值六月的酷暑，當時懷孕七個多月的我，在近四十度的燠熱室內一一將新書入櫃號，常常中暑回家。至今想來，還是我最得意的事啊！當重編工作結束，也宣告圖書室不再是堆放書籍的場所，而是統整知識、解決問題、主題探索的聖殿了。

09 有自由，才能在書海裡遨遊

最常聽到老師提出有關閱讀指導的問題是：孩子沒有閱讀動機。每次我聽到這樣的問題，心裡都會狠狠揪一下，暗自輕嘆：「好可惜喔！」對我來說，除非孩子已放棄學習，生活完全沒有趣味，不然問題其實不是出在缺乏閱讀動機，而是老師選擇的書對他來說「無法引起動機」。

師長們脫離小學時期已經很多年，而現在童書出版也百家爭鳴，但很多老師一提到閱讀，推薦孩子看的書籍不是《紅樓夢》就是《三國演義》。當然，經典有它的存在意義，在充足的帶領之後，也能讓孩子讀得興味盎然。但如果是剛剛起步的孩子，或是興趣不在文學故事的孩子，對他來說，老師選擇的經典書籍，就好比現下強迫老師們一定要觀看某部影展的得獎電影一樣。電影本身是好的，但沒有帶領解說、類型也不是每個人都喜歡、又加上被規定的自主性低，觀看的內在動機就明顯被削弱了。許多認真的老師還會加上「寫閱讀心得」的作業、「檢核答題」的要求，而閱讀一旦和考試、作業掛勾，成為一種「不得不」的被強迫，這件事情就離興趣愈來愈遠了。

當然，我並非全盤否定心得寫作和閱讀測驗對孩子深入理解書籍、幫助教師了解全班孩子閱讀困難的功能，但如果我們今天重視閱讀的興趣樂趣，希望孩子可以主動拿起書籍，那麼，更重要的是我們的一舉一動、一言一行、價值觀必須一致。

像是有老師說：「沒有看書的，下課留下來看書！」雖然大班級時間壓力，老師無法一一支援孩子，但這樣的話一說出口，背後隱含的價值觀就是：「看書是功課、是討厭的事情！」無怪乎，孩子出了校門就不願意閱讀了。

如果我們這樣說：「先訂正完的孩子可以先看書喔！」哇！閱讀是獎勵、是美好的事、是有閒暇時間的選擇。老師的價值觀和每個意識流轉成的言語動作表情，其實都好重要。

另一方面，如果我們尊重每個孩子有不一樣的天賦、有不一樣的繽紛人生，那麼，何苦強迫每個孩子都要閱讀狹窄類別的書籍，造成彼此痛苦，然後再感嘆孩子沒有閱讀興趣？

我長時間在圖書館中埋伏，其實許多孩子的問題，只要我們認真面對孩子、和孩子交談，他們就會給答案。小男生大部分對文學的書籍比較不感興趣，喜歡的書籍大多偏向幽默的、交通工具、武器、恐龍、迷宮、噁心、神祕、操作性的書籍。

不同孩子也有不一樣的選擇，在推薦書籍之前，可以先問問他們平常喜歡做什麼休閒活動。如果孩子只喜歡下課玩遊戲，也有《團康大全》可以提供不一樣的選擇和變化。有時圖書館恰巧沒有這類型的書籍，還能以「讀者推薦購買」方式增加圖書館的藏書。這樣的圖書館和孩子一起成長，是活著的、不斷進化的圖書館。

其實我們都有過這樣的經驗：在不適當的時間遇見一本好書。當時不覺得這本書如何，但經過一段時間，才知道是自己讀不懂、不會讀，或是心境和經驗還不足，讀不出這本書的內涵和意義。過了一段時間重新拾起，才發現原來曾經錯過這樣的好書。當然，也會有別人喜歡得不得了的書籍，自己讀就是淡淡淡沒什麼感覺的情況；而自己珍藏已久的書籍，別人卻反應平平。遇到孩子不喜歡某類別的書籍時，很簡單，書籍主題如此多，再讓孩子選過就好。

如果孩子喜歡特定書籍類別，不妨順勢而為，導引孩子從漫畫的天地接觸其他書籍。像《漫畫三國演義》，雖有大致故事，細節卻受限篇幅。當兩格漫畫畫出關羽騎馬衝出，大刀砍下，敵人死亡，簡單圖像就交代完畢，可是閱讀文字版本，可以看見文字先以大篇幅鋪陳對方的實力，大將都不敵，累積到高點後，關羽儀表不凡的亮相，大家都不看好，關羽甚至說：「如不勝，請斬某頭。」結果一出，「天摧地塌、岳撼山崩」，關羽返回，把敵人首級丟在地上，之前斟的熱酒，「其酒尚溫」。這就是文字的魅力，富含想像、細節、堆砌，爆發的能量。

因此，當孩子對這個類型有興趣的時候，他會想要知道更多，其他類別就可以提供更多細節與想像。《三國演義》有漫畫版數種，也有圖文版、小說版，當然也有原文版（這也回應到前面提過的圖書館重新編目環境的重要）。依序給予，順利協助孩子從圖像到文字，享受其中。

當孩子順利接軌閱讀文字、可以抽象思考之後，再引領他到不同類別的書籍。每個知識類別並非單獨存在，多元的閱讀會豐富孩子的生活、貼近孩子生活、與孩子連結，孩子也才能愛上閱讀、主動閱讀。如果我們沒有給予孩子閱讀的自由，又怎麼期望他可以發展出閱讀興趣和品味？又怎麼期望他在閱讀上有自己的想法？

只有尊重孩子的選書自由，閱讀這件事才從此有了樂趣和興趣，體會在浩瀚書海裡和自己有興趣的書相遇，是一件多快樂的事！當我們尊重每個孩子有選擇閱讀的自由，我們才真正做到：「允許孩子成為他自己。」

10 從晨讀十分鐘做起

不知道什麼時候開始，「沒有時間」成了流行的問候語和口頭禪。如果時間真是少得可憐，是否，我們應該把時間放在真正有價值的事物上？

《與成功有約》的作者柯維指出，一般人通常都先做緊急的事情，例如即將到來的考試、評鑑、測驗等等，但成功者會先做重要但比較不緊急的事情，像是閱讀、健康。就像是鋸樹人不先把手上的鋸子磨利，卻一直抱怨鋸樹的效率太差一樣。成功的人會先把鋸子磨利，雖然看起來會花費許多時間，最後卻可以事半功倍，掌握效率。閱讀者就像是先磨利鋸子的人一樣，可以輕易看穿時間的魔法。

如果可以看出時間的障眼法，回到日常，難道還不能做出明智的抉擇嗎？是，進度重要、抽查作業重要、成績重要，但更重要的難道不是時間過後，孩子心中的定見？時間過後，你心裡的真價值？我到底有沒有將重要的傳給孩子？到底有沒有教會孩子真正重要的價值？

前面提及我曾經空降帶過的「惡魔班」，每個科任教師都來抱怨，每個主任都跳腳。如果只是一味的威權壓制，反彈更大。我常覺得，他們就像是一個個有著厚殼的蛋，從外面是打不破的，必須從閱讀感動他們的內心，讓孩子們主動把價值觀放進心中，才有改變思考、行為、習慣的可能。

因此，我一邊補救課業，一邊帶著閱讀。自我中心強，那我們一起來讀讀馬拉拉、陳樹菊的故事；不會轉念，那就看看《佐賀的超級阿嬤》。所有的經典和名著，讀進去之後才發現原來價值是這樣的，那我需要調整嗎？然後開始去省思、去辨析、去探究，發現自己應該為自己改變。覺察之後，才有學習的動機。

教育既然是百年樹人的工作，那麼施教也需要長時間的引導和習慣養成。經過一年多，孩子有了閱讀習慣和品味，漸漸建立價值觀，在學習上有了自己的學習動機，從全班幾乎都需要補救，到全班補救教學全數通過；從每天都被科任老師責罵，到連工友阿姨都說他們長大了；從每天紛亂吵雜，到每天早晨全校最安靜。如果當初，我只是趕著進度、教著知識，那麼時至今日，這個班級還是有很多自我中心的想法，我永遠只能一件事一件事的責備、忙於滅火，身心疲累。因此，如果我們用長時間來看，到底，哪一種才是省時間？

況且，推動閱讀真的會花很多時間嗎？事實上，我在這個班級推動閱讀也只有每天「晨讀十分鐘」，以及每週一節閱讀課的時間。善用方法和策略，一節課和孩子聊聊書、讓孩子彼此交流，大約一年，孩子便從看不懂繪本到全班都愛閱讀少年小說。一旦根基扎得深，其他科目學習效能也高。這樣奠基的時間投資，我覺得超級划算。

其實關鍵不在推動閱讀時間有多少，重點是「持續」。每天早晨短短十分鐘，不從收作業的怒罵開始，而是師生彼此翻開一本有興趣的書，也許是食譜、也許是漫畫、也許是圖鑑或笑話，當老師的閱讀身影映入孩子眼簾，當孩子有自己選書的自由，每天積少成多的力量相當可觀。試想每天十分鐘，一週五十分鐘足夠看完一本書，一年可看四、五十本書，多驚人！

剛開始推閱讀時，孩子一打鐘就急忙奔出教室的場景，經過一個學期晨讀十分鐘後，已經變成打完鐘聲還依依不捨的想多看幾個字，正是「晨讀十分鐘」的魔力啊！

前面提到，雖然不是每本書閱讀完之後，都需要孩子書寫心得，但對於大班級的老師來說，怎麼知道孩子到底有沒有閱讀？是否讀懂？有無閱讀困難？是否閱讀偏食？這些都是微調閱讀教學方向和選書參考的重要資料。可是，一個班級那麼多人，除了寫心得以外，怎麼知道每個孩子的狀況？

此外，家長常見孩子閱讀就像翻書，翻過就說看過了，詢問內容又說不出來，寫作常沒有自己想法……其實，這些都只要利用「閱讀四分鐘」這個活動就可以解決。

以大班級來說，可以讓孩子自由選書，選書之後，師長必須稍微看一下書籍是否適合孩子的閱讀程度。否則孩子光看書名選書，回家閱讀挫敗，很容易沒有信心。閱讀後，我請孩子針對三個問題自己先行回答：

「主角是誰？他做了什麼事？」

「過程中遇到什麼困難，怎麼解決？」

「最後結局如何？」

其實，就是故事結構常見的背景、衝突、解決。當孩子可以簡單回答這三個問題，就學會了摘要能力。

到校後，全班四人一組，第一分鐘每組的第一位組員報告，以此類推。孩子報告的時候，老師可以巡視各組，很容易就可以發現哪些孩子沒有閱讀、哪些孩子雖然有閱讀，但口語表達能力不佳，可以進行閱讀指導。

這個活動與其說在檢核孩子有沒有閱讀，更重要的是孩子會自己形成閱讀群組，每個孩子可以口語表達自己的書，更可以聽到其他同學報告喜歡的書，短時間內知道同齡者有興趣的書是哪些。活動結束後，最常見的就是孩子互相爭借剛剛同學提到的書。同一本書常常在班級內造成流行，大家輪流爭閱。

閱讀力較弱的孩子，一來因為這個活動每週實施，多了練習和觀摩的機會，二來因為同學會用口語報告書籍內容，無形中也可以形成鷹架，讓孩子面對比較艱深的書籍時，因為已有同學報告的內容為根基，陌生感減少，可以大幅度跳躍。

這樣的活動我已經執行將近十年，許多孩子一年後可以從只讀懂繪本到閱讀少年小說，本來有閱讀習慣的班級更是跳躍到大部頭的書籍，不只心沉靜了下來，談吐和思考也都不一樣。試想，每週都有一本書的踏實閱讀，加上同學間的互動，一年之後就有五十本書的積累，哪能不進步呢？

如果以單一個孩子來看，我曾發現上週還閱讀漫畫的孩子，這週竟然默默的把一本大部頭的沈石溪的動物小說《狼王夢》讀完，我好奇的詢問他，他囁嚅回答：「我身邊好友都讀過了，就剩下我沒有讀！」仔細分析，一來這本書的確精采、引人入勝，二來同學分享的內容成為閱讀書籍的鷹架，對這本書不再陌生。三來即便回家就被電動、電腦吸引，但在學校天天讀十分鐘，日積月累，讀完一本書也不再困難。

而後，這孩子仰著頭問：「老師這本書也太好看了，還有其他本嗎？」我微微一笑：「孩子啊，沈石溪一系列老早都幫你買好了，就放在圖書館裡索書號八五六．九的櫃架上，快去借吧！」

親師一起讀

《晨讀十分鐘：快樂閱讀、促進學習的七十八種高效策略》
南美英　著　葛增娜　譯
親子天下出版

對於閱讀常見困難都有詳細的敘述，更有適合家長和老師的七十八個策略，「從讀到說」和「從讀到思考」都有。方法簡單，效果驚人，但要長期天天做，才看得見閱讀複利的力量。

11 比帶領閱讀更重要的事

在《打造兒童閱讀環境》這本書中提到：「一個從不閱讀或是缺乏閱讀經驗的大人，是難以提供閱讀協助給孩子的。」一個「不讀書」的教養者即使參加了再多的研習，參考再多專家學者推薦的漂亮書單，終究不是依據兒童的閱讀性情與需要，開列出適合他們讀的書。在陪伴閱讀的過程中，不讀書的教養者也無法給予兒童們實質上的閱讀指點與協助。

要培養孩子成為一位「讀者」，師長需要自己閱讀、接觸兒童書，才能真正懂得兒童閱讀，在孩子有閱讀困難時提供適時的協助。

也就是說，「你無法給孩子你自己沒有的東西」。因此，當我們希望孩子是個閱讀者的時候，自己應該先成為閱讀者。我們如果打從心裡覺得閱讀重要，自己就應該先閱讀。否則，口是心非，孩子當然知道。

推動閱讀十幾年以來，比起閱讀帶領，我覺得更重要的是，師長每天捧著書的身影映入孩子眼裡的身教；比起閱讀帶領，更重要的是師長充滿熱忱的有意無意提到：「喔！就像我最近讀的那本書說到……」比起閱讀帶領，更重要的是教室裡隨處可見的好書，各種類型，一應俱全，隨處可得；比起閱讀帶領，更重要的是老師給時間讓孩子在校有一段空白，可以自由選擇心愛的書籍，然後開心的分享聊聊書。這些，都比閱讀帶領來的重要。

當老師對自己閱讀的書有熱愛，熱忱就會感染，那種特別的氛圍是最重要的隱形課程。當老師是真正的愛書人，對於孩子閱讀中遇到的困難，自然就有解決方法，不假外求。

就像我評比自己的閱讀帶領，我自認最重要的是：這十幾年，除了長期閱讀以外，也很認真閱讀孩子看的書，累積了龐大的資料庫。此外，我也認真傾聽孩子對於書的感覺，所以對於童書的了解，已經從「點」延伸到「線」。雖不至於每本書都知曉，但一有新書出版，就會帶著好奇眼光思考學校圖書館是否有類似書籍，是否需要購入。當孩子向我提出某類的書籍需求時，我可以搜索腦袋資料庫、圖書館系統，找到相符的類別提供。不見得第一次就奏效，但上下自然連帶其他字數、類型相仿書籍，也可以提供諮詢服務。這些，都是我從閱讀累積而來的隱性知識。

例如，一個低年級孩子對「偵探」類有興趣，我可能先介紹「屁屁偵探」系列、「大偵探奈特」系列，如果難一點，就可以推薦「雷思瑪雅少年偵探社」系列、「三個問號偵探團」

系列、「廁所幫少年偵探」系列。對科學有興趣，可以介紹「少年科學偵探CSI」系列，再來可以進階到亞森羅蘋、福爾摩斯。這樣一連串的書籍，字數、難度、類型略有不同，而當中如何取捨？孩子閱讀過程中遇到哪些困難，是否進行指導？是否需要繼續推薦？還是換別的類別？都需要對童書的認識和閱讀指導的專業。

若孩子純粹對這類書籍沒有興趣，愛閱讀的人當然也知道處理方式：就是再換一本書即可，反正書海這麼浩瀚，靜待對的時間即可，不用強迫傷害閱讀興趣、傷害彼此感情。

而閱讀有閱讀習慣、閱讀興趣、閱讀策略、大量閱讀、從閱讀中讀出弦外之音、閱讀到實踐，每個環節都依靠著師長本身是否走過這個歷程，具備足夠的能量和方法，給孩子空間選擇自己愛的書，給時間讓孩子在校在家都有時間靜默閱讀，也給環境讓孩子方便時時有書、處處有書。

課程、活動、設計、閱讀教案、課內閱讀、課外閱讀、共讀策略、讀書會，沒有固定的方法，當你很想讓孩子感受到你從這本書得到的，進而實踐在生活中，改變生活，自然就會有方法。

親師一起讀

《美國讀寫教育改革教我們的六件事》
曾多聞 著
宇畝文化出版

從美國讀寫改革整體歷程分析，看見閱讀和寫作關係，包括寫作如何促進思考、長期考試制度怎麼影響讀寫等。他山之石可以攻錯，尤其以一個國家長久的制度來看自己，更可以對孩子讀寫教育起長遠定錨的巨大助益。對於閱讀和寫作有精采的論述，語文教師不可錯過。

《教出閱讀力》
柯華葳　著
親子天下出版

從幼兒閱讀講起，到深度閱讀、情緒思考等，有具體且一貫的重點闡述。不用費心考量國情不同，內容深刻且一應俱全，研究摘要、專家建議、常見問答，內容含金量高，精簡易讀好實施。

《打造兒童閱讀環境》
艾登．錢伯斯　著　許慧貞　譯
天衛文化出版

平淡卻是亙古的中心價值：「如果我們的小讀者，能夠有一位值得信任的大人為他提供各種協助，分享他的閱讀經驗，那麼他將可以輕易排除各項橫亙在他眼前的閱讀障礙。」一個從不閱讀，或者缺乏閱讀經驗的大人，是難以為孩子提供協助的，這也就是為什麼我在閱讀循環的中心點，強調的是「有協助能力的大人」這一個項目。許多閱讀推展流於表面，只要和此書對照，就知道問題在哪兒。

《說來聽聽》

艾登．錢伯斯　著　蔡宜容　譯

天衛文化出版

在孩子閱讀後之後，最重要的就是和孩子「聊書」，知道他們的閱讀困難、閱讀喜好、聊聊書，甚至組成讀書會。這本書從基礎問題到讀書會架構、遊戲等等皆相當齊全，提供師長和孩子聊書所需。

12 閱讀的十個權利

我總覺得真正閱讀的人，能讀書、讀人、有自己的價值觀。把從書裡得到的知識，放進生活中實踐成為智慧，書和自己產生化學變化。不管是對一本書，或是一系列書，在書裡澄清了價值，看透了時間，知道經過時間長流下，留下來的才是有價值的。

每個人都有自己的生命順位，因此我在推廣閱讀時，第一個想分享的，不是閱讀多重要，而是：「什麼比閱讀更重要？」

什麼都重要，但生命有限，時間不多，生命裡的大石頭需要先排定安放順序，才不會一場空。每個人的生命歷程不同，價值選擇也不同，但在教室裡，比起閱讀重要的有：愛、陪伴、同理、健康等。因此，真正閱讀的人，不會因孩子沒有閱讀而大發雷霆，撕裂彼此的信任；帶領閱讀過程中，也不會僅有唯一答案，抹煞孩子獨特的思考和情感；更不會因孩子的選書方向，而怒罵嘲笑。

真正閱讀的人，懂得比閱讀重要的價值。因此，真正閱讀的人在帶領孩子閱讀時，因為對閱讀有著熱愛及經驗，會如同《閱讀的十個幸福》裡說的，容許孩子有以下的權利：

一、不讀書的權利。

二、跳頁閱讀的權利。

三、不讀完整本書的權利。

四、一讀再讀權利。

五、什麼都可讀的權利。

六、浪漫幻想的權利。

七、到處都可閱讀的權利。

八、攀爬瀏覽書頁的權利。

九、大聲朗讀的權利。

十、保持沉默的權利。

可以不讀書，當然可以跳頁閱讀，這本書讀不下去了，再換一本。書海何其遼闊，只有當讀者自己覺得準備好了，閱讀這本書才有意義。喜歡的書可以讀千遍，對單一本書的熱愛我們都懂。廁所、書桌、餐桌、沙發、讀書椅、地板、旅行，不同場合有不同的書，不同心情不同時間不同天氣都有不同的書。也許廣告的時間適合短篇小說，上廁所適合醫療短訊，廚房放的是飲食和文化，睡前喜歡暖暖的童話。

可以不讀書嗎？可以啊！閱讀雖重要，但比閱讀重要的何其多？不閱讀，可以去愛、去冒險、去闖蕩、去旅行、去交友、去運動。閱讀不是人生唯一答案，當對世界好奇，才有閱讀的動機，也許是希望獲得資訊，也許閱讀是娛樂，也許只是純粹想閱讀，也許希望被了解。如果有其他方式可以生活得怡然自得，充實喜樂，不閱讀，有何不可？

當老師在教學中，在尊重孩子的前提下，以專業和身教讓孩子對閱讀充滿興趣、好奇，閱讀才能鬆綁成為一種興趣和終身的習慣。

而我推動閱讀，將閱讀的鑰匙交到孩子手中，是希望孩子離開我們以後，還能愛自己、看見世界，把世界的問題想得更深入。希望他困挫了、痛苦了、懷疑了，還會想起可以在閱讀中看見一點光的存在。當有一天我們離開孩子，我們不怕、不怨，因為我們已經把力量藉由閱讀的鑰匙，放在孩子心上。

更重要的是，在這漫長的時空宇宙中，一定會有一本書頻率和你相同，了解你的苦。當你，被了解了，就有了被療癒的力量。然後，你會有信念，你會看見書中的主角有光，你會相信，前方也有光。閱讀會帶你走向光，不一定是解決的方法，但會告訴你，如何讓心靈平靜，看見自己所有的。你自己，就是生命的恩典。

我覺得有一段話很適合形容真正閱讀的人：有一群人上了天堂，上帝看見他們腋下都夾著書，轉身面露羨慕臉色，告訴天使：他們不用任何獎勵了。因為，沒有任何獎勵能滿足愛閱讀的人。閱讀，就是最好的獎勵。

PART 3

讀與寫

13 閱讀是輸入，寫作是輸出

在接下圖書館管理之後，學校任命我擔任全校的作文科任教師，也就是閱讀推動教師，負責全校十三班的作文、閱讀課程。儘管前輩曾諄諄告誡我：「上輩子殺了人，這輩子教作文。」但我甘之如飴，這段經歷也讓我產出三到六年級適合大班級的作文講義，包含遊戲和活動。

我在十幾年的寫作課程中發現：閱讀總離不開寫作；沒有閱讀的寫作是空的，沒有寫作的閱讀是盲的。寫作無法達標，通常是閱讀出了問題。

先談閱讀，我收到好多老師或家長的詢問，關於孩子的閱讀或寫作困難。但我先反問，您的閱讀，是「閱讀」的什麼呢？是指閱讀興趣、閱讀習慣、閱讀理解、閱讀品味，還是閱讀策略？您所謂的「寫作」，又指的是什麼呢？寫出感覺、寫出思考、寫出生活、寫出省思，還是寫出好成績和比賽優勝？

這些問題，失之毫釐，差之千里。也因此，在討論前，要先定義清楚。當這些問題被澄清之後，才能往下一步前進。

我這裡指的閱讀和寫作，是希望孩子可以透過大量閱讀看見世界、看見自己，澄清自己的價值觀，讀出知識和趣味，最後用寫作來沉澱思考，釐清自己的想望，做出無悔的決定。而成績，是自然而然的水到渠成。

說話能力優先

閱讀寫作之前，我會先看孩子能完整的說話表述嗎？家長老師有提供大量的說話機會嗎？日常有深入談話的機會嗎？有針對單一事件進行統整性的聊天嗎？如果孩子說話不通順、不流暢，要讓孩子寫作無異是不會爬就先學走路。

因此，從閱讀到寫作之前，往往還需要「說話」的大量練習。說讀聽寫作，缺一不可。若孩子小時就不斷被大人告誡「囝仔人有耳無嘴」、「惦惦著聽，別多嘴」，寫作時又希望他可以闡述自己的感覺和意見，這不是很矛盾嗎？

因此，我要求孩子講出完整的句子而非單詞，例如：「香蕉好吃嗎？」「好吃。」這樣的對話會被我打回票，請他把問題結合答案重新說一次：「我覺得香蕉很好吃，因為甜甜香香的，我很喜歡這樣的味道。」當孩子講述完整的句子之後，知道怎麼擴寫、表達自己的感覺，也發現老師重視他的感覺，才有可能從讀到寫。

讀很多卻寫不出來

有些孩子讀很多卻寫不出來，我常問：孩子真的會讀嗎？有讀出寫法、讀出想法、讀出弦外之音？讀了一本書之後，可以自己重述故事，說說他對這本書的評價嗎？

許多小孩愛閱讀，但是看過就忘了，教科書的內容也「有看沒有懂」。其實，只要簡單請孩子重述書中的「主角」、「背景」、「轉折」、「結果」四大元素，例如灰姑娘（主角）原本被後母禁止去參加舞會（背景），但是遇到神仙教母幫助她（轉折），最後與王子過著幸福快樂的日子（結果），就可以簡單掌握孩子到底有沒有讀進去。

讀出寫法

慢慢的，再利用教學，讀出感受、讀出寫法、讀出技巧、讀出弦外之音，閱讀才完整。孩子藉由閱讀會思考，寫作才是玩真的，不只是為了應付比賽、考試，為寫而寫啊！其實，寫作技巧好學，但寫作中的思考卻難教，需要在一次次的閱讀中沉澱、統整、發展，才能吐絲成自己的思考網絡。

例如，寫作技巧的前後呼應、倒敘對比排比等等的技巧好學，但若遇到作文題目：「我想對你說」，一般的孩子寫出他喜歡的偶像表面，大量閱讀的孩子卻寫出後面偶像的努力，閱讀又加上思考的孩子會想到自己為什麼會被偶像的這些努力吸引，又對自己生命造成什麼影響、該如何行動？這些深層，很難只藉由課程中短短的寫作技巧催化。

今日閱讀和寫作的難度在於，師長們遠遠看著孩子的困難，卻沒有跟著一起閱讀和寫作。沒有閱讀，不知該提供孩子哪些書籍；沒有一同寫作，無法同理孩子的閱讀困難，提供協助。只高高遠遠的看著孩子的困難，單薄的告訴他可以這樣寫，下一次，仍然是沒有材料的題目、不知為什麼而寫的作文，師生又再一次的痛苦循環。

寫作是高層次的運思，本就不易。要先有一個溫暖且坦誠的環境，讓孩子願意告訴你實話。當孩子認真盡力書寫、表達內心感情之後，想要的是什麼呢？獎品、禮物，還是得獎？其實都不是。對寫作的人來說，最大的回饋就是有人認真看待他的作品。

語文教學中，說、讀、聽、寫、作，缺一不可。思考想要什麼樣的班級、教出孩子什麼樣的能力，轉問到為什麼要這樣教學。我們在規劃孩子的「寫」之前，要先看見孩子的「說」與「讀」。當孩子能讀出寫法、讀出重點、讀出弦外之音，才能遷移到寫。從核心出發，每次的教學不是只有點，而是能夠連成線、織成面。

師長們可以問問自己，在生活中，孩子的「說」通暢嗎？師長們常常和孩子對話嗎？有坦承一致性且尊重彼此嗎？「讀」有哪些？足夠支撐到「寫」嗎？孩子需要寫的能力有哪些？詞語、句子、段落，現在能力足夠嗎？寫的頻率夠嗎？有修改、觀摩作品嗎？

如果一整個學期只有四到六篇寫作，是遠遠不夠的。因此，我在班級中，時常會有小日記、心情小語等作業。有時給一個題目，讓孩子依照題目擴散思考；有時沒有題目，讓孩子自由書寫，寫出煩惱與憂愁，寫出快樂及享受。

在規劃時，我會思考孩子有材料可以書寫這些題目嗎？孩子能掌握或是閱讀過類似文章嗎？老師有辦法好好閱讀並給予回饋嗎？

至於題材，平時有小日記、寫心裡煩惱和省思的心情小語，常有給老師和同學的感恩卡片，寒暑假寫一封信給老師，有時寫詩、有時寫文，支持還是反對的議論文，文案或是反省道歉文，幻想的故事文章每週寫，讀報感受自由寫……建立「有需求而寫」，和「為寫而寫」極為不同，動機也南轅北轍。之後每一項作業大大回饋、細細講解、給足鷹架和支持回饋，收回來看見這段期間的努力而不是成果。

在寫的能力上，從基本能力出發，基本能力掌握了，不給過多的限制，希望他們藉閱讀和寫作看破時間的限制，和過去未來的自己對話。放慢時間、倒轉時光，體會當下的時時刻刻，做一個會反省和思考的人，懂得用文字表達情感，去愛。是我個人的終極目標。

14 低年級——像海綿一樣，什麼都新鮮

面對天真可愛的低年級孩子，我常被他們豐沛的創作力震懾並感動。只記得，不要用成人的既定想法或說教式文章教壞他們就好。

低年級的孩子帶著新奇的眼光進到校園，什麼都新鮮，什麼都有趣。低年級的孩子此時就像海綿，大量閱讀優良讀物，全部都吸收進去，創意的、幻想的、冒險的、有趣的……從圖像到文字，從嘴巴到筆端，輕輕一推，就傾瀉了一地的童趣。

天馬行空的想像，加上這個年紀的孩子什麼都要告訴你，小自他的幻想朋友，大至爸爸媽媽的祕密，就讓孩子說吧！認

真傾聽，不說教。尊重他的感覺，興奮的告訴他：「你有雙好會觀察的眼睛」、「你有自己特別的想法」、「和你談話真是愉快，我好希望你寫下來，可以讓更多人知道喔！」在想說的動機爆發、寫作基礎穩固之後，請他用圖畫或是文字記錄生活。交過來之後，不管怎樣都先閉著眼睛打勾，每一幅都是創作，告訴他：我看到你寫的比上次多、你寫得比上次認真、我看到你用心觀察、我沒有想到你是這樣想的、你的想法好特別、謝謝你願意告訴我心裡的話、我看見你的認真、我還想知道……把他當成一個小小作家對待，呵護他的寫作動機，比起錯字、修辭、對齊、字體端正還重要得多。

每寫一篇，就認真回饋。請他到講台前面朗讀作品，和同學分享，學習欣賞別人和自己，懂得回饋和傾聽。

玩玩五感體驗，吃一點東西，聞聞看、仔細看、聽聽看、咬咬看、嚐嚐看、摸摸看，細細的和孩子慢下來體驗，再用文字記錄每個當下的感受。

一年級孩子在閱讀了《我變成一隻噴火龍了》而寫下：「我最喜歡吃的食物是統一脆麵。它看起來黃黃的，好像一條條小繩子一樣。聞起來香香的，有一點辣辣的味道。張開小嘴會發出機器人的走動的聲音，吃完的時候，我覺得嘴巴像噴火龍一樣，快要噴火了！」這樣的作品是不是很可愛？一年級的孩子，充滿童趣，再加長篇幅，就能有段落了。

教室裡總有不同程度的孩子，因材施教是必要的：填充、問題回答、完整句子回答、自由書寫。從簡單引導到獨立表達，不管哪種方式都可以讓孩子表達自我。可以主動書寫的就自由書寫；還無法羅織成篇的就回答問題，再串成段落；無法有句子的就填充回答。尊重每個孩子不一樣的成長速度，給他們不一樣的挑戰。一樣的是，班級裡的每個孩子都依照自己的能力不斷挑戰自己。

遊戲是最受低年級孩子喜歡的，我們可以來玩一個好奇的想像：如果教室有恐龍，你覺得會有什麼事情發生呢？開放討論，不評論對錯，讓想像自由馳騁，再示範如何整理成通順的樣貌。

如果沒有想像的線索，那就一起讀《龍的來信》：孩子在地下室發現一隻恐龍，展開一連串的困難和解決，還收到了真真實實的幾封信。可能怕牠噴火，寫信給消防隊問問；可能擔心牠肚子餓，寫信給肉品店的好朋友；可能擔心牠太吵……把養一隻恐龍會有的煩惱都寫下來了。我們一起享受的讀，然後讓孩子說，你認同嗎？你覺得養一隻恐龍還有什麼煩惱，或是你覺得其實好處多過煩惱？也許可以和恐龍一起飛在天空？也許可以每個人都養一隻恐龍？或是，你養的不是噴火龍而是雷龍？孩子怎麼能不爭先恐後的說出他的想法。

世界上的繪本何其多，如果孩子對某個主題有感覺，自然就嘩啦嘩啦的傾瀉。如果沒有，找一本相關的繪本（可能有十幾本），不管是親子的閱讀網路推薦，或是網路上搜尋「恐龍繪本」，還是到圖書館裡輸入檢索，開心閱讀後再寫，多有樂趣。只要孩子有興趣，我就能找到適合的繪本，像是恐龍、颱風、笑話、迷宮、麵包、化妝、圖書館、動物、幻想、冒險……就像我們的世界一樣，各式多采多姿的主題等待孩子去探險。

漸漸的，我們邀請孩子來說故事，閱讀後自己說一說，怎麼將故事講得精簡又精采，摘要能力和說話能力就能提升。和同學分別聊一聊，同儕交流之下，人際關係增強，也接觸更多不同種類的書籍。

沒錯，這需要花時間，但教育本來就要花時間，世上珍貴的事物都需要時間醞釀。當孩子能力不夠的時候，不花時間讓他閱讀、體驗，時間到底要花在哪裡？

大量閱讀、想像、遊戲、體驗，讓低年級還不太會掌握字詞的孩子，減少了書寫的焦慮，也能從圖畫開始，畫一畫、說一說，也許邊畫邊說，或者邊說邊畫，增加了體驗、刺激了想像，在尊重和友善的環境下，自由抒發自己的想像和想法，先從「願意寫」，再到「喜歡寫」，過程中小心謹慎的呵護寫作動機，提升寫作的向度和長度，寫作在低年級階段不是重點，千萬別因過度期待而讓孩子對寫作有了恐懼和焦慮。

另外，中國字對於孩子來說，真的筆畫好多，小肌肉還不發達的時候，過度書寫真的很辛苦。低年級孩子自由用注音也可以，畫畫也可以，千萬不要在要求寫作的同時，字跡又要端正，還不能寫錯字，把最重要的寫作動機磨光了。別忘了，孩子後面還有長久的時光呢！提早起跑，不一定提早到終點，提早到終點的孩子，也不一定能好好享受寫作的快樂和能量。

如果寫字是辛苦的，那麼試試語音輸入。利用手機軟體，孩子說一段辨識成文字，印出來我們一起讀讀看哪裡可以修改，有趣又有效，很推薦低年級和書寫特別困難的孩子。

如果孩子好多常見錯字，不妨給孩子一份國語日報，一起好好來尋寶，把常寫錯的「的」和「得」，比賽來圈一圈，整理一下規則，不但不用罰寫，反而好玩又能教孩子積極面對困難，不是最好的教育嗎？

低年級讀寫微課堂：句子練習

低年級孩子的句子寫太短怎麼辦？先請孩子讀讀兩個不一樣的句子：

- 小狗踩到狗大便。
- 黃昏的時候，有一隻倒楣的小狗在門口踩到自己的大便，真可憐！

想一想，哪個句子比較有趣？比較好玩？好的句子多了什麼？（時間、地點、感覺）

然後和孩子玩一個有趣的遊戲：老師發下第一張小紙片請孩子每個人寫上名字、第二張寫上時間、第三張寫上地點、最後寫上事情。在寫的過程，低年級孩子的詞彙量可能還不夠多，因此時間寫上的可能是只有早上、中午、晚上，這時老師不妨適時的提問還有什麼詞彙，例如：

- 凌晨（有大量閱讀的低年級孩子說過「破曉」，閱讀的力量可見一斑）
- 上課時、下課時、放學
- 過去（以前）、現在、未來

• 春夏秋冬
• 十年前、五年後……
• 兒童節、聖誕節、中秋節

這樣的活動還可以進行詞彙統整，讓孩子不斷的提取應用，詞彙才是活著的。

然後老師抽出第一位孩子，因為排列組合的特別，會產生許多爆笑的效果：陳小宣在破曉的時候，跑到屋頂上，唱歌。這樣的遊戲，不斷讓孩子練習利用不同的詞與排列組合，並學習用「在」等連接詞，串成一個完整的句子。孩子通常在描述感覺的時候詞窮（有可能是孩子在日常生活中不常描述自己的感受，建議師長先以身作則），老師的任務就是幫孩子搭建學習的鷹架，讓他順利提升：

- 好好笑！
- 真好玩！
- 好有趣！
- 真可愛！
- 好滑稽！
- 太奇怪了！
- 好可怕！
- 好神奇
- 令我……
- 令人……
- 使我……
- 讓我覺得……
- 我心裡……
- 真是……

• 好……

這樣的遊戲孩子人人愛玩，玩過一輪後，自然可以記起完整的句子應該盡量包含哪些元素，至少可以順利更換詞彙，說出感受。慢慢的，孩子的句子都拉長、有細節，句子完整了，要到篇章也就容易了。

Q&A 分齡閱讀

低年級，就是開心和孩子讀一讀、說通順、說流暢，好好玩一玩。等到孩子能力提升了，那就別遲疑，介紹更難的書給小書蟲吧！以下，列出低年級孩子比較常遇到的閱讀困難，並提供有效的突破方法：

Q1 孩子沒有閱讀習慣怎麼辦？

我常說，師長必須先有培養孩子恆毅力的恆毅力。孩子沒有閱讀習慣，先問問自己有沒有閱讀習慣？接著，每天有沒有在固定時間、固定地點和孩子培養閱讀習慣？師長和爸媽每天應在固定時間和孩子一起翻開一本書，可能是一到家、晚餐後，或者睡前，成為家中的儀式。

現在的兒童繪本，尤其台灣的出版品都相當優秀，我也常在孩子的書籍中找到許多感動。習慣的養成絕非一朝一夕，既然閱讀對孩子的品格、識字、抽象思考都有幫助，那絕對是值得投資的。

Q2 孩子的專注度不夠，如何改善？

現在孩子受到的誘惑太多，各種視聽媒體都讓孩子分心。先檢查孩子運動量是否足夠、睡眠是否充足、是否攝取太多的含糖飲料和化學食物，然後不妨從遊戲書入手。

像是信誼出版的《城市探索大發現》，除了知識以外，還有許多翻閱的驚喜，不僅是孩子，大人都會被深深吸引。另外像《小紅嘴鳥的奇幻飛行》，一邊找尋一邊遊戲，不僅可以訓練孩子的專注力，也可以幫助孩子發展辨別、想像力等，對學習有很大的幫助。

「找找看」的書系也很推薦低年級孩子，像是「威利在哪裡？」系列讓孩子在閱讀當中找尋威利。小學學習階段常見的粗心等，都是辨識能力和專注力沒有完善發展，而這些好書就能幫大忙。

Q3 孩子不愛自己閱讀，只愛聽爸媽講故事。該怎麼辦？

這點困擾很多爸媽，其實爸媽的保存期限只有十年，孩子在身邊央求我們說故事的時間不多，寶貴得很。孩子學習注音符號之後，應該要大量練習且自己閱讀，若孩子還想要爸媽唸怎麼辦呢？其實有幾個方法：

一、可以選幾本有對話的繪本，和孩子玩玩角色扮演的遊戲，輪流唸輪流玩。爸媽可以在過程中觀察孩子是注音符號不熟練，還是純粹想和爸媽撒嬌。

二、爸媽可以故意唸錯，讓孩子有自己唸的動機和需求，就像是玩遊戲一樣。也可以讓孩子偵錯，像個小偵探一樣。

三、當閱讀量大的時候，書籍的難度也會增加，我們可以唸到精采的地方就停止，讓孩子自己帶著好奇心繼續探索。

Q4 孩子唸過就忘了，怎麼辦？

我們常說，「讀是輸入，說和寫是輸出」。如果孩子讀完就忘了，其實等於沒有讀。爸媽可以先問幾個問題，測試孩子是讀不懂還是說不出來。如果讀不懂，繼續選比較簡單的書籍；如果是說不出來，爸媽可以用幾個問題幫助孩子：

一、主角是誰、他做了什麼事？
二、他遇到什麼困難，怎麼解決？
三、最後結果怎麼了？

當孩子可以回答每個問題，爸媽再協助他把單詞變成完整句子。最後再練習將三個完整句子變成一個故事的摘要，或是用繪本圖片幫孩子記憶，也可以協助他邊看圖邊說故事。

Q5 從繪本進入橋梁書，有哪些超級有趣的書單呢？

「達克比辦案」系列超級推薦！科普的難處，在於知識密度大；漫畫的詬病，在於輕鬆的部分沖淡了許多知識點，讓孩子只記得搞笑的片段。這套達克比系列，不僅是國內知名的動物科普作家胡妙芬小姐所寫，平易近人、循序漸進，大人到小學的孩子都讀得津津有味，緊扣知識有趣的地方。這套書之所以有趣，並非低階的搞笑無厘頭，而是利用動物本身行為的奧妙，合理之中又有趣味，將「求知本身就是趣味」做了完美呈現。仔細閱讀，連圖都是得過金漫獎漫畫家彭永成先生所繪，有童趣又有美感，特別的是還有長長的對話，帶出知識和各人物間的心理轉折，讓人驚嘆。

「小火龍」系列、「屁屁超人」系列有趣又充滿創意。不用多說，翻了幾頁就會被深深吸引，還會哈哈大笑。

《動手動腦玩科學1：生物大冒險》適合操作型的孩子，簡單的剪刀和膠水就可以讓剛接觸科學的孩子，利用遊戲、操作理解科學原理。材料雖簡單，卻頁頁有趣，例如用紙做一棵樹、玻璃罐裡真的會飛的紙蝴蝶、會開花的紙花、小鳥螺旋餵食器等等。生物都這麼迷人，更別說另一本《動手動腦玩科學2：太空大冒險》。讓人不禁感嘆：怎麼我小時候沒有這麼有趣的科學操作書呢？其他橋梁書亦可參考中年級書單。

樂讀書單

台灣繪本百家爭鳴，不管是談誠實、分享、關懷、信賴、尊重、公平正義、責任等，百大主題都有好多系列的繪本可以選擇。建議和孩子翻開繪本，看字讀圖，反覆幾次。繪本不只是給孩子的，有時候其中的深意也很適合大人。以下列出我教學常使用、受孩子們熱烈歡迎的幾本：

15 中年級——關鍵的銜接期

孩子漸漸升上中年級，字詞、句子已到需要羅織篇章的程度了。教學內容以記敘文體的人事物景為主，主要是希望孩子可以依照主題發散思考，言之有物，針對主題做深入的敘述、描寫、闡述。

只是，這類寫作常常要寫到三、四百字，如果平常親子、師生間對話的品質不佳、沒有針對主題深入聊天，怎麼能對一件事物有統整性的思考？無怪乎孩子寫不出來、興趣缺缺，或者寫出來陳腔濫調，不知所云。例如，「我爸爸不高不矮也不瘦不胖」，他人看完這樣的句子，對爸爸的外表還是沒有印象；每次結尾都應付了事，連當天被罵，最後結尾還是：「今天被媽媽罵，真是快樂的一天！」這樣的虛應故事，孩子寫來痛苦萬分，老師也改得疲乏無力。這時只要滴入幾滴創意，師生瞬間就會不一樣，臉上都有光。

通常，作文的要素包括起點能力、教學、寫作、評量等，師長只要微調其中幾個，創意和效能就可以提升。例如，教學以遊戲方式進行，兼顧體驗和感受；寫作以小組共筆或團體接寫，先給予鷹架，再到個人習寫；評量則可以小組互評或是同學互評的方式。當教學和現實生活接軌、當作品有更多被人看見的機會、當寫作不再難如登天，寫作動機就馬上飆升。

中年級讀寫微課堂：撿葉子學形容

讓孩子學習觀察、描寫、用心來寫作文。上課前，我請孩子到校園四處觀察，找尋一片喜歡的葉子。當然不能攀折花木，而是從落葉區撿拾，愈特別愈好。

上課時，老師神祕兮兮的說：「這篇作文，批改的人不是老師喔！等下完成，老師要請你們把葉子收起來，讓另一個同學看你的文章，試著畫出來。如果人家畫的和你的葉子相似，表示你的作文寫得好，用文字就給讀者清楚的圖像，把他帶到另一個想像的世界，自然就高分，所以不用老師評分，你的文章和葉子自然會給你分數。」說到這裡，孩子已經躍躍欲試，不覺得是寫作文，而是好玩的遊戲。

寫作時，再引導孩子討論寫作的鷹架。如果我們要描寫這片葉子，你覺得應該有哪些順序？包括大小、形狀、顏色、葉脈、葉緣、其他特徵。有哪些語詞可以運用？例如葉緣可以用鋸齒狀、圓滑、不規則狀、波浪等詞語呈現。最後，三年級孩子的成果如下：

葉子的描寫

這片葉子的長度和我的臉一樣長。

形狀像雞爪一樣，右邊的葉片比較胖，頂端有點尖尖的，就像我的手指。葉是深綠色的，還一點點黃色的小斑點，就像螢火蟲，有的大，有的小。

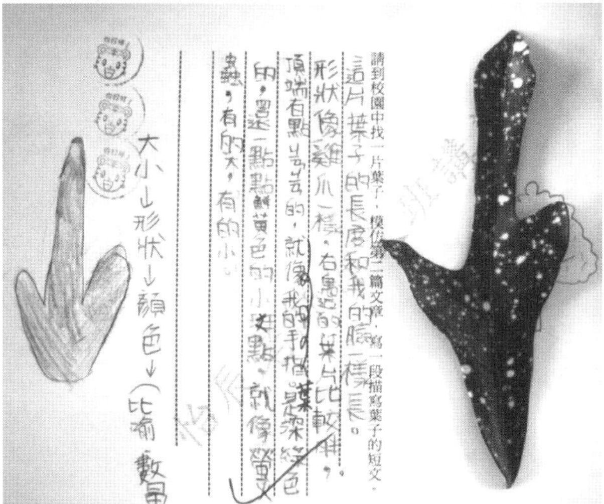

最後看到葉子和圖畫的相似程度，還以為孩子偷瞄，再細看文章內容，哇！三年級孩子的潛力都被激發出來，閱讀文字真能看見葉片的形象，連圖畫都有按照文字修改的痕跡，好令人讚賞！

這樣的一堂教學，只有稍微調整了教學和評量，卻是省時省力、更有效率的達成教學目標，學習效果令人驚豔。再詳細分析，可以找出以下特點：

一、**寫作動機，打開觀察的眼睛**。由於會有同學仔細閱讀自己的文章，因此孩子就有了讀者意識，當然不能隨便寫。從葉脈、斑點、葉緣、還有上面小小的鳥大便，翻來覆去就是要看得清楚、寫得清楚。於是，有了作家的眼睛，再也不是隨便寫出一堆模模糊糊、奇奇怪怪的文章。於是，學會了打開眼睛、慢慢觀察。

二、**改變活動的樣貌**。從找葉子開始，到描寫葉子，互相畫圖、對照。時間花得不多，過程中孩子們思考著：我要找哪一片葉子？我要怎麼描寫手裡的葉子，才能讓人清楚畫出來？怎麼寫才能讓人懂得我的敘述？我怎麼畫同學的文章？做、讀、寫、畫……一樣也沒少，過程中不斷動腦筋。無怪乎，下課的時候，學生驚呼：「怎麼這麼快就下課了？」

相較其他的作文課，如果老師只是揭示題目，口述說一說，大家習寫。結果低成就的孩子抱頭苦思，沒有鷹架，甚至有些學生就打算撐過一節課的時間，反正老師也沒有時間讓我補寫，又奈我何？

三、**同儕當評審**。對寫作的人來說，最大的獎賞就是有人閱讀自己的文章，這也是動機來源。如果今天閱讀的人是老師，反正寫得差，老師也習慣了。但改由同儕當評審，無論如何也要讓同學看得懂。這樣的活動，已經不是寫作，而是有趣的遊戲。

四、參觀好作品。最後總評的時候，大家從圖像對照就可清楚的評比文章觀察和描寫的優劣，過程中，孩子也閱讀了許多篇同儕的文章，不斷的大量閱讀、認真的習寫，加上老師搭建的鷹架、抽離鷹架，在在都是下一次寫作的養分。

五、延伸擴充的可能性。有了一次成功的經驗，還可以延伸到其他的練習，今天來試寫「我最愛的玩具」、「寫一道最愛的美食」、寫「美術的作品」……任何寫物、體驗的題材都可以加入這樣放慢腳步、用心觀察的習寫。精緻的一段，能為文章增色不少。

記得上完課，孩子仰著小臉說：「老師，這個好好玩呀！我們下次要玩什麼？」孩子說：「原來作文要這樣寫啊！」孩子嚷著：「老師，我們再玩一次……」而老師呢？輕輕鬆鬆沒有帶一篇作文本回家，卻在往後的各個作品裡看見一篇篇漂亮的珍珠，優美詞句的小圈圈畫不完，教學不用多，但有創意、省時、有效，多好呀！

其他適合中年級的創意寫作教學方式還有：

一、**小日記**：利用小日記的大量練習，讓孩子有練習提取的機會，也能記錄生活。剛開始給予範文，讓孩子先對短篇文章有大概印象。記得要一次給多篇範文，讓孩子在大量閱讀下，才不會單一而不敢寫。讀讀這篇短文哪裡寫得好？說說這篇和那篇有哪裡相同？給你什麼感覺？進而提取出詞彙多元、寫出細節、有對話和感覺、不一樣的想法，都是一篇好短文的優點，再進行習寫。題目可以時常變化，讓老師更了解孩子，例如：

我喜歡看的電視節目
寒暑假計畫
期待校外教學的心情
特別的活動
感謝某某同學
假日最想做的事
我要改進的事
我最愛的人，為什麼？
我的煩惱
給老師的悄悄話
我的優點
我的偶像
我愛聽的歌曲
歌詞改寫

課文改寫
我是穿越劇主角
幻想到某國旅行

是不是光想就很好玩？老師做的就是享受孩子的小日記，孩子寫得好時，請他唸給全班聽，對他說：「老師看見了你的努力啊！」把他的文章打字貼在全班的聯絡簿上，讓全班家長和孩子都看見他的好文章。面對文采比較弱的孩子，不妨輕輕對他說：「老師看見了你的進步！」拉長時間堅持呵護，花就會開。

二、**創意心得**：「寫給書中人物的一封信」、「如果我是基督山伯爵，我是否會復仇」，不但兼顧閱讀和寫作，還連帶有了同理心和深入心得。不用你說，孩子必定要來來回回把書中細節反覆閱讀好幾次，才能替書中人物發聲或說出鏗鏘有力的觀點。

三、**某某老師的記者會**：藉由訪問老師，練習記錄對話、訪談的技巧，加長寫作的細節，也是解決寫人物經常沒有好材料的方法。進一步寫學校某位老師，完成後再猜同學寫的是誰，也是好玩又可以精準描寫的方法。

四、**利用平板拍一張校園中喜歡的照片，再寫景，最後猜猜是哪裡**：因為有實際的照片，加上數位資訊可以查詢的特性，藉此進行詞彙的統整學習。數位時代，寫作不必停留在石器時代啊！

五、**替一項產品寫廣告文案**：完成後，再對比真實的廣告用語，或者開個部落格寫下心情點滴。不同的新意，只要確立教學目標，搭建鷹架，孩子的創意無窮，還能與時俱進，寫出精采。

《孤雛淚》創意心得

「布朗羅先生，謝謝您那天相信我，還把錢、書交給我，還跟格林維各先生打賭，看看我老不老實，可是我一出門，就被正要從酒吧出來的賈克斯、南茜抓走了，我被關在一個黑暗的小房間，請你務必要相信我啊！」

以上各種創意的寫作，除了可以搭配課文，也有許多素材可以補充、閱讀。經由稍微設計的巧思，讓孩子體會文字的力量和使用，其實寫作一點都不難還好好玩。

分齡閱讀Q&A

中年級的橋梁書許多都非常有趣，如果孩子在低年級已有了閱讀習慣和興趣，在中年級就可以順利銜接。這時期師長的重點，除了替中年級孩子擴大閱讀範圍，更重要的是用不同類別的閱讀形式，讓孩子可以順利解讀，獲得解決問題的知識。像是說明文、科普文章、表格圖表等，都可以在這個時期讓孩子多方嘗試。這時期的常見問題大約有下列幾點：

Q1 孩子只愛看漫畫或是閱讀偏食怎麼辦？

這個問題始終是排行榜第一名。在選擇上可以替孩子選擇優質的漫畫來源，像是「超科少年」、「達克比」系列就是優質的漫畫。一來是漫畫中知識量夠多、且趣味在知識而非低俗的笑點，例如「達克比辦案」系列。這套書處處可見科學家的堅持，像是利用詰問挑戰已知，以表格比較不同動物習性，小視窗的生活提問貼近孩子想法，最後的辦案報告重點呈現等，把一般科普閱讀常遇到的幾大困境，完美無痕去除，留下趣味。孩子細細閱讀，無形中也可以自學科學的幾大特徵：存疑提出問題、推翻、根據證據說明邏輯語言、對比整理資訊，真是一舉數得。

雖然漫畫、影像各有所長，但還是希望孩子可以逐漸閱讀大量的文字，才能跨越到之後的抽象文字思考。因此我會開放孩子閱讀漫畫，但逐漸降低比例，當孩子對某領域有興趣之後，漫畫的知識量也沒有辦法滿足他，這時就可以讓孩子擴散，轉向其他領域和非漫畫書籍閱讀。例如喜愛恐龍的書籍，可以慢慢擴散到古生物學、天文學、隕石等等，先深入再擴散，知識並不是獨立的，特別是當孩子對某項議題有興趣，其實很容易擴散。

Q2 讀了不太理解怎麼辦？

這裡可以有幾個層次，像是爸媽問孩子書中的問題，孩子能否順利答出？如果不行，則需要替孩子選擇文字比較簡單的書籍，再慢慢引導。

不妨先選比孩子程度低一階的書籍，讓孩子有成功經驗。問問題請孩子回答，慢慢將問題與答案接成完整句子，進而可以重述故事。如果書中難字太多或是詞語太難，可以先讓孩子以上下文猜測，理解故事。爸媽也可以將思考歷程說出來，引導孩子進行思考，像是「咦？這個詞我沒有看過，那我先跳過好了」，或是「用上下文看看可不可以猜猜看這個詞的意思？」讓孩子學習，遇到不理解的時候可以有哪些閱讀策略，也是很重要的一件事。

最後，孩子可以重述故事、再提升想法和觀點，實踐在生活中，或是進行統整、摘要、比較等等，進而提升思考的層次。

Q3 看了很多書但作文寫得不好怎麼辦？

雖然「讀是輸入，說和寫是輸出」，但說比較簡單，距離要寫成一篇有內容的文章，還是有些距離。因此要先看孩子是否能流暢的「說出來」，再到「寫」。

試著用語音輸入，讓孩子從「說」到「寫」可以流暢些。請孩子說一說，再看看說的內容是否通暢。也推薦孩子閱讀《國語日報》，報紙上的類似方塊文章，裡面的描寫方式、寫作技巧都比較貼近孩子，方便孩子學習。可以請孩子說說自己想要的寫法，再蒐集相同主題的不同文章，比較看看，讓孩子在閱讀中覺察不同寫作技法的運用，最後統整內化成自己的寫作技巧。

Q4 面對字數太多或沒有注音的書會排斥，怎麼辦？

如果識字量不夠多，建議先選低一階的書籍，讓孩子有成功經驗，再進行閱讀。若是心生恐懼，建議可從幾個方向幫助孩子：

一、選擇由獨立小故事組合而成的書籍：像是《三國演義》、《包公傳》、《天方夜譚》等，一本書籍裡有幾個小小獨立的故事。當孩子閱讀故事之後，不知不覺就讀完整本，對於篇幅大的書籍就有了成就感。

二、推薦有影音電影的小說：像是《吹夢巨人》、《巧克力冒險工廠》等，一般來說名著都有影音版本。建議可先讓孩子觀看預告，對書籍內容有大概想法、興趣之後，當成是閱讀書籍的鷹架，就能幫忙孩子進入書籍中。

總歸來說，中年級的橋梁書內容天馬行空，充滿幻想及趣味，對孩子來說，閱讀不太困難。像是CP值很高的「神奇樹屋」系列，閱讀一本之後就可以一直讀下去，很是推薦。其他中年級的喜愛作家，像是王文華、哲也、王淑芬、林世仁、林哲璋老師的作品，也都相當優質，選作者就對了！而慢慢要銜接高年級的部分，則是推薦小男生很愛、字數又多的「妖怪醫院」系列、「檸檬水戰爭」系列，題材非常少見又重要，有理財、有法律，還有談喜歡，不容錯過。

《說謊的阿大》、《看不見的敵人》、《不會哭泣的魚》則是比較深入的談自我認同，鼓勵孩子找到自己的樣子而不是討好別人。

四也出版社的「福爾摩沙冒險小說」系列，以台灣地名為小說題材，孩子在閱讀中自然而然了解地區歷史，對銜接台灣歷史很有幫助。

另外，中年級相當推薦偵探故事類，這類書籍一直是孩子喜歡閱讀排行榜上的常客，除了故事內容有著濃濃的懸疑、引人入勝，整個故事就像是個大謎題，合理處存疑，反覆閱讀中找線索，雖是閱讀，更是一場和作者的智力比賽；一個藏謎題，一個找答案。若能搶先在作者的故布迷陣中找到答案，那種成就感會讓讀者寧可廢寢忘食。

米奇巴克出版社的「雷斯瑪雅少年偵探社」系列，就是一套很適合低中高年級孩子閱讀的偵探書籍。一套七本、一百頁以內的內容，加上注音和深具美感的插畫，很適合剛剛接觸偵探故事的孩子閱讀。

再深入一點則推薦「神祕圖書館偵探」系列、「三個問號偵探團」系列、「西奧律師事務所」系列、「福爾摩沙冒險小說」系列等，有謎題的閱讀經驗及思考也非常適合銜接高年級的小說閱讀。如果孩子閱讀能力提升，不要忘記往高年級書籍走去喔！

歷史書籍則是推薦《少年讀史記》、王文華老師的《可能小學的歷史任務》、《漫畫台灣史》，可為之後的歷史課程預做準備。

樂讀書單

中年級是孩子閱讀關鍵期，這時千萬要注意孩子是否已經學會如何閱讀，也突破閱讀的困難，才能有利高年級的學習。

以下列出常放在我教室中的熟面孔書籍，孩子不一定每種都喜歡，但各類都有，不喜歡再換另一種書籍即可：

16 高年級——加強深廣度，跨進少年小說

到了高年級，孩子漸漸要提升寫作的抽象性，論理、說明、抒情也都各自要進階，除了表達要清楚，也希望表達能完整。

如果孩子在中年級沒有基本的記敘文能力，高年級要求孩子寫理，根本就是緣木求魚，徒增彼此的困擾。因此，最重要的還是觀察孩子的現狀，如果孩子還沒有具備前面的能力，我們只能調整教學從起點行為開始，再呵護孩子一次比一次進步，而非過度學習。

在高年級階段，因為孩子已有大量閱讀做為基礎，因此寫作也開始百花爭鳴，像是寫小說、寫議論文，有論點、論據、

論證的表達自己的想法，寫新詩、寫深入的記敘文……需要的能力愈來愈深入、愈來愈龐大及高階，就需要更複雜的閱讀策略及閱讀文章的技巧。

例如，長篇文章的鋪陳需要前後段落的設計及用心，因此大綱的計畫、前後呼應或是安排，就比中年級需要更多細節。就連小小的寫人，也許中年級只是平鋪直述的寫了一篇「我的家人」，到高年級就需要往「為我付出的那雙手」特寫前進，字數變多、內容深入，平鋪直述也許成為特寫和宏觀等，都是高年級寫作要持續加深的部分。

在題目上也從具體到抽象，從日常生活到「我是否贊成小學生使用手機」，需要考量的面向不再只是自己，而是從整體的「小學生」出發，考量「手機使用的各項優劣得失」，往全體的大部分現象思考，分析正反意見及得失，在孩子心中也奠定「事情有許多面向，不再是簡單對與錯」的認知，思辨、說理、論證能力漸漸在寫作中奠基。

從大量閱讀後到寫作，也相當要求思考：這件事情和我有什麼關係？我是怎麼切入去思考？不能只是單純的讀，而是進出思考，系統分析，養成解決問題的能力，形成抽象思辨。因此，這裡的寫作除了議論文，更希望提升孩子的說服力，說服他人溝通合作的能力，這些都是重要的。

這些能力都無法速成，從低年級到現在，完整的課程體系已經有六年的深耕，才能展現在孩子身上，甚至到國中繼續開花。如果孩子的寫作力、閱讀力、思考力仍不到位，有什麼改善方法嗎？我的建議是：

一、**持續閱讀**。高年級的孩子持續一年有效率的閱讀，就能跨越到少年小說。漸漸加入尊重思辨的課程，反思討論，讓孩子暢所欲言且敢寫。

二、**從閱讀方塊文章開始**。一樣首推《國語日報》，從方塊文章遷移到方塊文章最快。依據孩子的能力給予適合年段的作品，孩子跨越之後，馬上再給予更高階文章。同齡孩子的作品更易引發共鳴。

三、**多元思考**。青少年或兒童的報章雜誌經常有兩方意見的整理，有助訓練孩子思考。或是閱讀社論，從中整理兩邊論點，也是好方法。更不用說，這方面的優良書籍也多，可以一天一篇。

四、**多看名人事蹟**。當肚裡沒有墨水，寫不出字也是應該的。課本中就有許多名人偉人事蹟，仔細看，課本中的名人都有特別的品德、長於一般人的、值得學習之處，別只是寫「魚往上游」、愛迪生、陳樹菊女士的例子。如果還是覺得素材不夠，這裡推薦《我的成功，我決定》，裡面有二十幾個成功的例子，包括國際服裝設計師詹朴、改裝車冠軍葉韋廷、嘻哈歌手熊信寬、雜耍專家陳星合、繪本作家陳致元、世界疊杯冠軍林孟欣、世界鈑金冠軍馬祥原、流浪動物志工李榮峰……這些故事告訴我們，成功的道路不只一種，那麼我們給孩子的典範是不是也該多元且齊放，讓孩子有勇氣創造自己獨一無二的成功人生？建議讓孩子在閱讀後做摘要，把每一個故事變成一個小例子，再搭配影音及報導，貼近這些心靈。除了在論說文寫作時有助說理、論說、舉例，更對孩子定向和價值觀有顯著的影響。

當孩子願意寫出自己的想法和心聲，請不要吝嗇的給予鼓勵。在每個高層次的寫作困難爬升階梯上，好好給予支持、體驗、活動，老師不說教、不設限，而是提供開放及溫暖的環境，在孩子寫完時，當面給予支持鼓勵，以及具體的回饋。如果真的沒有辦法體會孩子寫作的困難，試著回想自己寫論文時的痛苦吧！

高年級讀寫微課堂：辯論寫議論文

請全班孩子分成正反兩方，辯論「小學生應不應該有手機」。先提供幾篇不一樣的文章，大量閱讀之後，摘要出正反兩方的證據，請正反兩方上台闡述，老師簡單記錄在黑板上，再請孩子回座討論，怎麼提出反駁對方的看法。

其實孩子練習口說論點、論據，並用論據證明的過程，就是議論文的架構。初學議論文的孩子容易犯以下的邏輯問題，包括：

一、講特例而不是通則。

二、沒有上層概念，都從小處著手。

三、反駁根本沒打中論點，就是雞同鴨講。
四、語詞簡略，邏輯有誤。

我常用的改善方法有：

一、順著錯誤邏輯走，讓學生發現自己錯誤。
二、類別，用誇張例子反襯荒謬。
三、提出反問。
四、直接唸出正確語句讓孩子比較。

長期訓練下來，孩子的邏輯和抽象思維都會進步。因此，簡單練習幾次之後，就可以產出這樣的文章：

我認為小學生應該擁有手機，第一，因為只要自己擁有手機，不管在哪裡隨時都可以跟家人保持聯絡，萬一發生危險，家人也可以馬上發現，保障自己的生命安全；第二，手機也能訓練自己獨立，珍惜物品，也可以練習自己掌控自己的收支，利用自己的零用錢來繳電話費，訓練小學生財務管理的能力；第三，現在手機已經有許多功能，像相機、音樂、益智遊戲、查字典，如果讓學生擁有手機，在空閒或是要查資料的時候，都很方便，可以時時刻刻不間斷的學習。

有人說，小學生擁有手機之後會造成電話費超支，造成家人負擔，但現在父母都可以設定幾個小時使用通話限制，其實不是問題；另外有人認為，小學生自己掌控能力不足，可能會因為手機其他功能、或和同學聊天，造成本末倒置、無心課業，但如果只是一味限制，不是更沒有機會學習嗎？也有人反對是因為可以查電腦，但手機的方便性，可以為我們省下許多寶貴時間，因此我還是認為小學生應該擁有手機。

之後還可以練習「小學生是否應該穿制服上下學」、「學校選書是否應該讓小學生參與」等題目。過程中，孩子會慢慢發現並非所有事物都非正即反，其實中間有許多可以深入討論的地方，沒有對錯，只是切入的角度不同。但經由這樣反覆觀點的進出，看事情會比較深刻且多元，這也是成為公民的必須練習。

寫作是高層次運思，並不簡單，因此在教學上，我會選擇孩子有寫作材料的題目，如果不足，一定讓孩子事前做足蒐集資料工作，或有充足的體驗才開始寫作，切勿讓孩子坐到教室裡才知道今天的題目。我所做的，簡單來說就是讓每堂寫作課都是好玩的、被支持的。

而也因為寫作這麼不容易，對於新手的孩子來說，一次訂立一個教學目標就好。如果剛開始寫新的文體，就要孩子寫得通暢、沒有錯字，還希望文章有很多華麗修辭，不僅孩子挫折，老師也跟著挫折。

給不同孩子不同的要求。若是優秀的寫作者，就鼓勵他超越，面對不擅長文字的孩子，不妨根據上次的表現給予低一點的字數要求。當優秀孩子搶先拿來批改的時候，認真的回饋，感謝孩子這麼認真寫，大聲的唸出來讓全班孩子觀摩，讓認真寫作的孩子被增強。沒有想法的孩子聽見優秀的示範，也能有想法、被支持。然後私底下小聲的具體說出哪裡可以更好，口述示範怎麼修改。

就這樣，一次一次的練習累積。最後，我還會拆掉鷹架，讓孩子在沒有我的提問、活動、示範下獨立完成一篇文章，我認為，那才是他真正的寫作能力。

Q&A 分齡閱讀

孩子若在中年級的時候沒有養成閱讀習慣，閱讀量不夠大，到了高年級的第一個問題就是：無法讀少年小說。

一般來說，少年小說動輒幾萬字，要閱讀實在是需要前面的耕耘和積累。但到了高年級，課業壓力也重，老師時常無暇顧到孩子的閱讀長度，那麼到了國中，面對多科也抽象的大量文字，爸媽很快就會發現，補習再多也沒有用。以下彙整出高年級孩子最常出現的閱讀困擾，並提出解方。

Q1 孩子無法從橋梁書跨越到少年小說，怎麼辦？

這個問題是排行榜第一名的問題，也是最重要的問題。

一、興趣第一：一樣從興趣好入手，像是小說類小男生比較覺得困難，那麼試試《湯姆歷險記》、《金銀島》、《小飛俠》、《三國演義》、沈石溪的動物小說《狼王夢》，這些以男生為主角的故事書，常常會引起小男生的共鳴。尤其天馬行空的故事、調皮搗蛋的情節、讓小男生很簡單就可以產生共鳴。冒險情節也可以很快的突破字數的限制。

其他像是《手斧男孩》，描述一個小男生因為墜機，到達無人煙的森林，在森林中求生的故事，因為太逼真，還被美國《國家地理頻道》雜誌以為是真實故事，派人要去採訪他，後來才知道原來是虛構的故事，足見作者敘事功力。這本書也被南一出版社收錄進高年級國語課文，搭配課文閱讀，事半功倍，加上篇幅不長，閱讀不困難，共有五集，可以讓孩子持續閱讀下去。

小男生對鬼怪也很有興趣，因此如《妖怪醫院》字量不大，共有七本，適合點亮這些小男孩閱讀的眼睛，讓他們的眼睛發光。書中主角是小學六年級的學生峰岸恭平，誤打誤撞進入妖怪世界，遇見有如《怪醫黑傑克》的鬼燈京十郎醫生，還陰錯陽差的成為醫生助手，展開了一次次的冒險和挑戰。打怪融合冒險，又有濃濃的推理味，小男孩一下子就被吸引，更別說故事裡出現許多的日本妖怪，劇情驚險刺激。這套書每本有兩、三萬字的閱讀量，搭配有趣的描寫、主角內心的自白，最後還附有妖怪醫生的「看診小日記」。

其他像是四也出版社的「福爾摩沙」全系列，主要是介紹台灣各地的歷史，穿插小說故事，是歷史和語文的好結合。閱讀完後，孩子對於台灣各地會更有感覺。還有《晴空小侍郎》，表面是鬼怪，卻富有內涵和情感，別說孩子，連大人都喜歡。這幾本都是班上不愛閱讀的小男生突破的第一本，非常推薦。

二、同本書、不同閱讀力的循序漸進：如果閱讀是因為文字量的限制，那麼像是「三國演義」系列，可以嘗試先閱讀漫畫版，再到繪本版、橋梁書版、小說版。孩子喜歡三國，但漫畫版的細節不多，常常「刷！」一下就獲勝了，但細節呢？關公提刀上馬，怎麼揮著大刀，怎麼殺敵，在文字中提供更多想要知道的細節和情感，提供更多的映襯，顯示出關公的獨一無二。文字版愈多的版本，才有精采的心理戲，讓讀者細細思量，關公為什麼放走了曹操？兩個人心裡各自想什麼。

三、滑世代來襲，影像來幫忙：滑世代的特徵是影像思考。影像和文字都是很重要的資訊來源，兩者相輔相成。影像有音樂場景，提供更全面的刺激，但文字有想像有細節，隨處可以倒帶加入讀者自己的詮釋。如果孩子剛開始對於文字不太熟悉，建議可以利用影像來幫忙。像是《佐賀的超級阿嬤》，播放影片時，在重要的地方停住，「為什麼導演這裡要這樣運鏡特寫？」反覆觀看，原來特寫的地方是朝廣要被媽媽送到佐賀，前面都是隨便穿汗衫，這裡卻穿著正式服裝及皮鞋，導演要傳達「昭廣察覺到媽媽是有預謀的」。看影片也一樣需要閱讀策略，一樣要細細品味，讀出弦外之音、讀出情感、讀出和自我的連結。

在影片關鍵處停住，發下文本對照，孩子不僅可以更快進入文本，也可以讓影像和文本同步對照，真可謂「一魚多吃」。這裡我常用有影像的書籍有《夏綠蒂的網》、《巧克力工廠》、《巧克力戰爭》、《波特萊爾大遇險》（一到三集的精華）、《瑪蒂達》、《佐賀的超級阿嬤》、《奇蹟男孩》、《吹夢巨人》。名著系列通常都有影片。

四、同儕的連結和鷹架：連結是閱讀很重要的一環。閱讀是為了讓自己和世界連結，但閱讀時卻又是孤獨的。高年級孩子受同儕影響甚大，我長期利用「四分鐘推閱讀」的活動。沒想到，高年級最討厭看書的小男生，竟然有一天跑來告訴我沈石溪的《狼王夢》很有趣，他已經看完了，還有沒有？《狼王夢》是一本二、三百頁的長篇動物小說，我怎麼都很難把這本書和面前的孩子連結起來。細問之下才知道，原來這孩子的幾個麻吉前陣子都看完了，也在四分鐘活動時間介紹。孩子在同儕推薦、好友導讀、引人入勝的書籍內容、適合男生閱讀的幾個條件下，竟然一口氣讀完，之後更是閱讀胃口大開，沈石溪系列的《豹與蟒》、《喜瑪拉雅獵犬》都一本一本閱讀下去。

閱讀絕不只是老師和學生之間的連結，透過聊書、說書，促進同儕連結、親子連結，更是美好的新世界啊！

五、減輕心理負擔的書單：高年級孩子剛接觸比較長篇的書籍時，通常都會有壓力，這壓力來自於擔憂自己無法讀完，因此「過渡」的文本選擇就很重要。不妨選擇比橋梁書長一些的書籍開始，最好是幾個故事合起來、互相又有連結的書籍，像我經常用的是《愛的教育》、《天方夜譚》、《包公傳》、《三國演義》、《口琴使者》、《不會哭泣的魚》等，一個一個故事獨立，但又不會互相影響過大，孩子發現：「原來我也可以讀完喔！」建立起信心之後，進一步接觸文字量大的書籍就不是難事了。

Q2 上國中前的閱讀推動應該注重哪些方向？

我在教學中發現，現今孩子因為比較慢接觸中國史，因此五年級開始進到唐詩的時候，對於朝代的背景和特色都沒有感覺，自然很難進到詩人的世界。因此，我會特別注意中國歷史的補充，像是王文華老師的「可能小學」系列、東方出版社版本的《李白》，都是簡單輕鬆的好選擇。其他像是《少年台灣史》，也可以做為五、六年級的補充。

對於文言的提早接觸，像是《詩魂》、《詞靈》，也都很推薦，藉由小說的引導，讓孩子進出詩詞的幻想世界，讀完之後，孩子學會將詩詞變成意境，容易記也容易理解情感。

另外，小女生通常比較少接觸科學，「超科少年」系列就是很好的選擇，雖是漫畫，但以科學家的幾個特點當成穿越時空解決的問題，相當聚焦，後面有大篇幅的知識點，詳細說明科學家的生平，還有和其他科學家的比較，一路讀到國中都不是問題。

高年級孩子要書寫議論文的時候，需要舉例，《我的成功，我決定》書裡有二十幾個當代真實人物故事，有細節足以讓孩子可以感動，也可以成為小例子，寫進作文中。

更重要的是，這本書可以激勵孩子，讓孩子發現成功並不是只有單一選擇，也不是一路都順風，而是要靠不斷的堅持和克服，一次一次的不放棄，才能有更寬廣的未來。這正是最好的品格教育方式。

統整高年級的閱讀，有興趣、給書、給空間、給時間、給選書的自由，慢慢形成習慣、品味，這樣，孩子升上國中就不用擔心。

樂讀書單

高年級的閱讀，有興趣、給書、給空間、給時間、給選書的自由，慢慢形成習慣、品味，孩子升上國中就不用擔心。而持續閱讀的結果，就是在孩子心中自然形成資料庫。每次閱讀時，對照資料庫，閱讀速度會增加。漸漸的，點、線、面，成為主題探索，孩子可以建立自己的觀點、看世界的方法，用閱讀解決問題、陶冶身心、撫慰心靈，成為陪伴一生的禮物。這是我們最終的想望啊！

PART 4

我的十年觀察

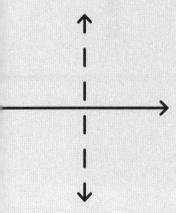

17
閱讀可以療癒傷痕

一個學校的單親、新住民、隔代教養比例是六二%，數字很簡單，但換成坐在我班級裡的孩子實際狀況，卻令人心痛。

曾經有一班孩子，有半數，將近十個，每天都讓我煩惱。家長的經濟不穩，喝了酒就變成另一個人；我要留意小刀和剪刀，深怕有個孩子在課堂就往自己的手割去；新住民媽媽受不了夫家跑了，留下來的孩子獨自要手洗全家的冬衣，洗不乾淨的下場是塑膠管伺候，對媽媽的記憶都是鄙棄；不知道媽媽來自哪裡，到底自己是台灣人還是越南人；爸爸有精神疾病，稍不注意，所有課本習作都被燒掉……這樣的孩子，一班有十個。

每天，我就像是把一個個玻璃球往上拋的特技演員，要小心每個球，注意他們的眼神、表情和情緒。一不注意，怕他們掉到地上，碎了。

我深深感謝他們願意坐在我的班級裡，即使在愛和安全這麼匱乏的情況下，他們竟然還願意坐在教室裡。他們告訴我，來學校很開心，因為看見同學，知道有人也了解我的感受，就覺得安心。

我自己從小也是這樣，從黑暗的那頭走來。我深深知道，走在不見光的所在的感覺和害怕、無力和憤怒、絕望和不知所措。也因為太黑暗，我說不出口，我很怕當我說出這些黑暗之後，我會軟弱的沒有力量走下去。別人的同情和故意的關心，我也承受不了。因此，如果要我廉價的對孩子說：「老師了解你的感受。」這樣敷衍不負責任的話，我說不出口。我不是他，他的困境我沒有辦法了解。

我有時覺得，當老師的累是累在心裡。隨著年資增長，我漸漸成為一個專業、有經驗的老師，慢慢的，我發現許多手上的孩子，有些和以前的孩子好像；漸漸的，我發現很多是社會和家庭的問題，而這些似乎會導向某些特定的結局。但我只能看著發生，卻無力挽回這些悲劇，解決這些問題。我一個小小的老師，面對班級裡二、三十個家庭，我真的沒有辦法。除了痛苦，我只能讓自己麻木，或是把問題推到他們本身，不牽涉其中，不放入感情，這樣就不會受傷。

可是我看著他們，卻好像看見我小的時候。我想，我可以做些什麼呢？還有什麼更多可能呢？難道，一點都沒有辦法挽回嗎？

後來，我想到了「閱讀」。是閱讀把我拉回來，讓我重新相信、重新有盼望的，也許，閱讀可以幫上忙。於是，我在班上放了很多書，只要一個孩子對某項事物有興趣，我就可以找到一本對應的書。我也深信，在浩瀚漫長的時空中，一定曾經有個靈魂會了解他、會療癒他，也許不能解決他現在的問題，但只要一句話和他的心境一樣，就像是閃電入心，讓他相信，曾經有人懂他的感覺，知道他的心事，這樣就會燃起火焰。在孤單的時候，知道「原來不是只有我這麼孤單和無助」，就會讓人覺得安心，相信前方有光亮等著自己，重新燃起往前走的動力。我一直相信，一定有這本書的存在。

有一次，我記得很清楚，有個小男生，爸爸幾個月才回家一次，爺爺總覺得他會偷錢，拿著藤條就往學校，衝到教室要揍他。我總是攔下爺爺，卻覺得實在無能為力而喪氣。有一天，這個小男孩拿著報紙，笑著對我說：「老師，我覺得《國語日報》還滿好看的。」我像被雷打到一樣，我知道這是我要的獎。我要的獎，是孩子頒給我的。

現實是，有時我還是會被家長威脅要到學校來「堵」我，只因我打電話關心孩子怎麼還沒到校，吵到家長睡覺。

我擔心的是那個孩子的心裡過不去，他怎麼面對其他同學和師長的目光？肯定會苦惱為什麼自己的爸媽這麼不一樣。於是，我默默的在教室後面放了張友漁的《我的爸爸是流氓》、《西貢小子》。《我的爸爸是流氓》從孩子的角度去看流氓爸爸，看見自己對父親的怨懟與愛、矛盾及掙扎，最後留下開放的結局。作者把主角心中的掙扎、痛苦描寫得深刻淋漓。孩子看完，給我一個了解的目光。

而《西貢小子》，最適合新住民孩子閱讀。那些媽媽和孩子的自述、說著他們的感覺，都讓我們覺得羞愧和抱歉。我們自以為是的自大，傷了人竟不自知。孩子也可以從中知道媽媽的感覺。我待過的學校有好多新住民的孩子，有越南媽媽、印尼媽媽、大陸媽媽。常見在校乖巧的孩子，卻在校門口對媽媽頤指氣使。媽媽衣服簡陋，孩子身上卻都是名牌運動衣鞋；五年級的孩子只知道媽媽來自大陸，什麼省、什麼地區、外公外婆如何，全不知。我上新住民孩子閱讀營時不禁想：孩子在家到底和媽媽是什麼樣的相處模式，為什麼可以疏離至此？媽媽不能隨便外出，不被允許出門、參加班親會……因為很多新住民的媽媽，在家是被看成「買來的財產」。

這些我遇見的孩子，境遇比起書中的還要黑暗很多，沒有像書中那般體貼、有正常修表的爸爸，沒有會反省的奶奶、支援流氓家庭的外婆舅舅們……但是藉由書，還是有些情緒可以抒發，可以被了解，知道自己不是孤獨的，會重新相信前方有光。這是我現在做的事情，這是我要的閱讀。

當閱讀走進孩子的生命，孩子從中補足他們從來不知道、沒有人告訴他們的價值觀，讓他們知道浩瀚宇宙時空中，也曾經有人跟他們一樣困惑、痛苦、自我懷疑、傷心、心碎、沒有自信想要放棄自己。當他們找到這樣一本可以了解他的書，痛苦有了出口，閱讀就成了那道光。

那光，可能無法解決問題，但可以讓人感到療癒和心靈平靜，然後再踏實的走下去！

18 閱讀能改變價值觀

長期待在偏鄉，我知道偏鄉缺的不是錢，是價值觀。

曾看過領低收的孩子，腳上是最新的耐吉球鞋，包包三千五百元，問他媽媽一天賺多少？七百元不到。

爸媽經濟拮据，但不能窮孩子，以為孩子要的一定要給，再怎麼樣也不能比別人差，以為予取予求叫做愛。卻不知，其實是害。

貧窮是最好的老師。懂得不足、知道取捨、願意感恩，知道父母的給予有多不簡單，才懂得珍惜，在有限裡做最大運用。父母什麼都給，除了對自己的經濟造成惡性循環，對孩子的價值觀更是最大的傷。沒有嘗過不足、卻學會滿足自己一切欲望，不管借貸還是透支，用物質隱藏自己不安，不安卻愈來愈多。物質不能讓人快樂，心靈滿足才可以。

有次運動會，之前背名牌背包的孩子，他的媽媽過來說這孩子愈來愈懂事，點心不吃，還會問媽媽來運動會少掉多少薪水，沒事就會抱著媽媽撒嬌，說著好愛媽媽。不知道發生什麼事啊？

想到前幾天在課堂上共讀過陳樹菊的傳記後，我問孩子：「家長睡眠不足的舉手？」、「家長身體不好的舉手？」、「家長過度勞累的舉手？」、「家長常看醫生的舉手？」……每個人自出生後都是逐漸走向死亡，我們以為還有好多時間，但其實並沒有那麼多。如果爸媽爺奶對我們很重要，我們希望他們可以陪我們長一點，其實，我們可以改變。把自己的事情做好，別讓他們擔心，讓爸媽少點勞累、多些快樂，分享你的進步、笑話等等，都能讓家長快樂，多活一點。

你拿的每一塊錢也都是爸媽的生命。他們的時薪多少？假設一小時六百元，那麼你手中的一百，就是爸媽辛苦十分鐘的生命。當花則花，但如果買不需要的東西，堆積家裡，等大掃除的時候丟掉，那麼，丟的不只是傷害地球及生物的垃圾，還有爸媽的生命。

當下，我就看到孩子擦眼淚。孩子啊，你一定感受到世上對你最好的，總是親人啊！

點點滴滴，從閱讀真實的人物故事，從哲學的快樂本質、從價值、從自己掌握自己的命運，孩子其實比大人容易感動。我很開心孩子改變了價值觀，連帶改變了應對姿態、改變了和家長的關係。

對我來說，閱讀是首發。偏鄉孩子缺的不是資源，是價值觀，只有從閱讀中讀出感動，正確價值觀才會奠基。之後閱讀增強信念、撫慰受傷心靈、和自己沉潛對話、增加覺知，其他美好才有辦法進駐。

當然，經常接觸到的都不是這樣開心的結果，家庭的失衡、大人的應對姿態，通常在孩子身上一覽無遺，隨時爆發。不管漠視或溺愛、緊迫盯人還是隨便發展、要求過高或是過低，在學校經常發現，孩子在家長的形塑下，思考觀念成為慣性，一點一滴的蝴蝶效應如何引起軒然大波。在偏鄉學校，經常看見孩子在下列幾個生活面向出現問題：

一、**營養和早餐**。早已清楚上過課程，知道化學食品如何傷害我們的身體，看過反式脂肪在血管中的影片，還大費周章的舉辦了營養早餐的活動，讓孩子在學校簡單利用隨處可得的食材設計菜單，製作出營養早餐，多數學生的早餐還是加了螢光粉的草莓牛奶、化學冬瓜茶、奶茶、香料柳橙汁、熱狗、薯條和泡麵。

二、**零食和腸胃**。剛開始的時候經常帶零食，呼朋引伴互相分享，中午一定這個不吃那個不吃，「我媽說可以不用吃」，常常吃到哭（五年級）。正餐不吃，下午就吃零食，體型不是過胖就是過瘦，上課到一半常喊肚子痛，上廁所不定時，便祕的大有人在。過胖的跑操場一圈氣喘吁吁，過瘦的面有菜色，一天到晚肚子痛冒冷汗手腳發冷。吃零食，注意力很難集中，常恍神。暴躁易怒，情緒控管不佳，一天到晚和同學吵架，沒有辦法接受挫折。

三、**不喝水，只喝飲料**。學校的水杯發了又發，就是少喝水。一天到晚看醫生、掛病號，都從喉嚨痛開始。也不刷牙，自己都有打勾，但漱口水杯都是乾的。教了很多次正確刷牙，一定要強制使用牙菌斑顯示劑，才有好轉。但還是常用水漱口，或是牙膏沒了也不管，敷衍了事。蛀牙一堆，影響咀嚼、發音，注音符號總唸不準，捲舌一定錯，惡性循環之下，對堅硬的食物更討厭，吸收更差，體重過輕，影響智力發展。沒有從小養成習慣，抱著僥倖的心態，知道對自己有影響，但畢竟離結果還很遠，應該不會怎麼樣吧？

四、握筆和視力。握筆都不合格，所以姿勢不良，五年級已經變成習慣，全班近視散光太多，最可怕的是兩眼視差大，所以常常頭痛，身高高的沒有辦法往前坐，在中後看不清楚，只能編排到旁邊，又擔心斜視。每天提醒，成效有限。很想請他買姿勢矯正器，不知道來得及嗎？

五、缺乏積極性，肢體不協調。好逸惡勞，很少動起來，能坐著就不會站著。點到名，反應慢，很久之後才反應。能隨便做的就不積極，能亂寫的就不會認真寫。肢體協調度不佳，手眼協調度也不行，常常在校打破東西，鉛筆盒一定會連續掉三次以上，不會調整。水壺常常往下摔，經過老師的桌子一定碰撞掉下東西，踢掉老師電腦的插頭，更重要的是本人完全無感。東撞西碰，瘀血受傷，保健室常客。

六、體力不佳，體能睡眠差。連續上幾堂正課就昏昏欲睡，回家不定時睡覺，常熬夜，經常遲到，從一年級到六年級，多夢且睡眠品質不佳，上課常打哈欠。跑步只能一、二圈，再多就開始喘。很讓人擔心。

七、衛生習慣不佳。座位四周都是垃圾，服裝儀容很難齊全。週一穿的衣服往往週五還沒洗、還沒晾、還沒乾、不知道跑去哪裡、被其他衣服弄溼了，早上用吹風機來不及。常忘東忘西，每星期有四天忘記帶東西，課業上也無法細心。

八、不會做家事。不會拖地不會擦桌子、不會擰拖把抹布，拖過的地更髒，掃過的地等於沒掃。吃蓮霧來問「要削皮嗎？」因為在家只有吃過切好的水果，卻沒有看見水果真實的樣貌。不會洗米不會煎蛋，就連常見的空心菜也不知道名字。

沒辦法知道事情先後怎麼安排，沒有辦法照顧自己。書包一定很重，影響脊椎發展，駝背、身高不高。書包裡一堆垃圾，交來的學習單一定皺巴巴，東西經常不見。自然課會被老師廣播去畫星座，因為手腳協調度很差，畫直線始終不直。量角器、三角板、圓規使用有問題。剪紙剪不直、小刀割紙像狗啃，更別說複雜的思考題，鞋帶蝴蝶結也不會綁。以前最常做的美勞是材料包。

寫了一堆，很難想像是高年級的孩子，每一項看似不重要、依著孩子喜好的事，現在可以為孩子帶來短暫的快樂，但長久來看，導致孩子在學校的學習困難、挫折、人際關係低落（沒有人要和他同一組，擰抹布灑得別人到處都是水……）都是蝴蝶效應啊！

家庭教育需要遠見，比學校教育重要得多。到底是要為他現在好，還是希望拉長時間後，健康又快樂呢？有時家長未必看得見這些小事的影響，有時即使知道，依舊抱持「宿命論」，反正也不會怎麼樣。如何從「宿命論」轉變成「成長性思維」，改造自己的命運，最快的，除了生大病和遇貴人，我覺得就是閱讀而已了。

閱讀除了讓孩子覺知，走情緒、走心、走覺知，就要用更大的力氣讓孩子看見長遠的影響，才能捨棄方便的道路而忍耐，願意吃苦，為了想望的目標。

我問小孩：你有什麼感覺呢？給人家帶來什麼困擾？有沒有其他人像老師告訴你一樣的事？你要繼續這樣生活嗎？

深層背後，其實很心疼他們都沒有機會思考和反應，動作慢、沒有自己的想法、被罵的時候笑著其實是一種自我防衛……但這麼多次，依舊沒有改進，一而再、再而三。同學認為你只顧自己，是個自私的人。需要覺醒啊！我們來想想，可以怎麼做？

習慣的更改、腦神經的改變，一定要累積時間。用事實讓孩子在生活中體驗、覺察、感知，自己從心裡長出力量、改變。老師提供思考方向、問題、激勵，還需要像錄影機一般時時觀察。

態度、習慣、性格、命運，不一定都成功，但一直去做。別再苛責家長，而是提供教養技巧，同理他們的困境。《幫助每一個孩子成功》書中提及，研究指出，家長只要跟孩子面對面的遊戲、和緩的聲調、發球接球式互動、微笑、溫暖的撫觸，對孩子就有極大的影響。鼓勵家長已經在做的，再多做一點，再多做一點。

而閱讀、討論、深入共讀，也幫助孩子進出不同的人生和生活方式，去看見他人的價值觀和想法，看見、比較、思考。如果曾被書籍感動，那麼他的價值觀是什麼？我的價值觀又是什麼？

經由主動閱讀，才能主動覺知。發現自己的盲點，有了動力想要改變，才是自己的選擇、開始為人生負責。但是，有動力想要改變，到真正改變，還有許多關卡，也是閱讀時時提醒著自己，翻開一本書又重新看見自己的想望和期許，寫下來的文字（小日記和給自己未來的一封信）時時提醒自己，然後形成行動、習慣、性格和改變。

孩子寫了小日記、書信、筆記，家長藉由長時間閱讀孩子的聯絡簿，也點點滴滴的改變了自己的想法。

曾教過一個孩子，家長對他要求很高，天天只看見他的缺點，言談只有打罵。家長的口頭禪是：「我以前哪有這麼好的環境可以學習？我現在給你這樣的環境，你理當用好成績報答我！」更可怕的是，這孩子還有一個全校排名第一名的姐姐。親子間常常說不到一句話，見面就是責罵，不然就是接送到另一個補習班。我常看著這孩子暴怒崩潰，我想不管多努力都得不到最愛的人的認可，這不就是地獄嗎？

經由日記書寫，我學習《交心》這本書裡蘇明進老師的好方法，利用「善行信箱」，讓孩子寫信給彼此。家長在漫長的閱讀過程中，發現他眼中成績被嫌棄的孩子，其實有許多他未曾看見的優點，再經由其他家長老師的努力，終於改變了彼此的應對姿態。畢業旅行的時候，孩子從之前不願意家長隨行變成主動邀約。

讀寫，是這樣改變我和孩子、家長的價值觀，是這樣改變命運的走向的。

19 閱讀改善學力低落

在療癒了傷痕、改變了價值觀及信念態度、提升了學習動機之後，改善學力低落其實是水到渠成的附加價值。

剛到偏鄉，發現一切都和想像不一樣。表面看來是閱讀量不足，其實更具體的說就是學力低落。高年級讀不懂課本、九九乘法不熟、加法要比手指、注音符號錯一堆，全班補救教學過半都沒有通過……這些是偏鄉老師的日常。也就是說，偏鄉老師要「爬到」一般正常的教學，前面還有許多關卡。

首先，面對孩子超低落的學力，老師要習以為常，時時搬出成長性思維：「他們只是『還沒有』學會而已。」切勿顯露驚訝、不可思議、無可救藥的表情，孩子會覺察。

接著，有計畫的將「成長性思維」年年月月天天分分秒秒的放入孩子心中。給予高期待：「老師相信你可以做到」、「這個不是你不會，只是需要多練習幾次而已。」、「老師看見你付出了很多努力」……仔細小心的對孩子說話，每一句話都是一個意識流、都是暗示，沒有天生能力比較差這回事，只是你還沒有找到學習的方法。

如果孩子受幼年毒性壓力影響，或是長期學習效能不佳導致自我觀感低落、沒有信心、學習焦慮，可能會有學習障礙、文化刺激不足、記憶片段（短期記憶無法形成長期記憶）、認知緩慢、自我調節差、防衛心強、小小挫敗無法排除、細故就口角等問題。

那麼，用正常的方式學習是沒有辦法輸入的，況且之前這麼久的學習低落，要迎頭跟上，一定要用非常規的方法。把閱讀擺第一，經由大量閱讀，不斷的摘要訓練，不管是識字、語意分析，閱讀速度遠比老師口述速度快，效果才能瞬間提升。藉由這些過程，了解孩子閱讀困難，做好診斷，一一排除，教科書對孩子才不會只是無字天書。當耳朵可以聽、眼睛可以讀，輸入沒有問題之後，上課，才開始有效能。

而後透過大量的操作、遊戲，跳脫一般的教學方式，例如前面提過的撿葉子寫作文、撲克牌學公因數等等，把每堂課都變成遊戲，去除過去學習失敗的焦慮。引發孩子的學習動機，確保學生上課理解。當然，還要加上大量的班級經營、諮商輔導，以及長時間的陪伴。

上課理解之後，回家不一定會完成功課。因此，慢慢找出每個孩子不同的困難，也許是家裡的環境、無法拒絕數位產品的引誘、惰性等等。成長性思維再度登場，表達失望之餘，依舊給予期望，也幫忙排除不利完成功課的因素。如果是看不懂書面文字，閱讀策略就要引入；回家沒有人支持的孤單，那就先在學校完成部分；統一的作業對於低成就的孩子實在太難，考慮調整不同分量的作業；沉溺通訊軟體的孩子，請他每天九點傳作業的照片……不同孩子有不同的方法可用，重點是讓孩子知道，學習和自己有關，並對自己有期許，不斷往前進。

尤其長期落後的孩子，要開始追趕其他同學時，孩子也會自我懷疑，已經落後這麼多了會焦慮、會挫敗，需要有人時常鼓勵、規範。當他感到挫敗、自我懷疑、自我放棄的時候，老師要做的是幫助他澄清想法，再次覺察。多給孩子鼓勵、支持，當一個盡責的啦啦隊。

每當我帶一個新班的時候，都稱剛開始的這段時間為「排毒」期，排毒還可分不同階段。

剛開始，孩子會害怕新老師，有問題不問，所以階段一是「全班都沒有問題」，但老師一問之下就發現全部都是問題。

慢慢的，孩子發現問老師問題不會被冷嘲熱諷，也不會被責怪為什麼沒有認真聽之後，才能慢慢進到階段二「亂問一通」（問簡單的問題，難的都不問）。其實，這也表示孩子連自己懂不懂都不知道。

但學習怎麼可能一次達陣？孩子後來發現，問問題老師還會感謝我，說我錯得很有價值，還說也許我的問題也是其他同學的問題，小心翼翼的嘗試了一、二次，發現老師真的不會罵人，就認真問出自己真的不懂的問題，所以階段三是「孩子整頁都是問題」，每題都問。問出以前好多基本都不會的迷思、問出需要補救的問題。那就一個個慢慢解決吧！

最後，終於進到階段四，大家問的都是最難的、最容易出現迷思的問題。至此，孩子才真正對自己的學習負責。

這些階段雖是排毒的過程，也是孩子和老師搭建信任關係的過程。在這之後，彼此都以真實相待，「教」才開始有了可能。一路爬到這裡，排毒過後，師生開始信任，孩子專注力增加，上課確實理解，回家會寫功課，不懂的會弄清楚再訂正，承擔落後太多要追趕的壓力，至此孩子真正「知之為知之」後，才能開始正常教學，才能進一步再用大量閱讀追趕落後的學力，甚至超前。

尤其重要的是，每個孩子有不一樣的天賦，面對不一樣的科目，擅長的也不同。專業科目的閱讀，讓我分辨出孩子是「不能」還是「不為」。不為可以好好深談、用閱讀改變態度；面對不能的孩子，我也可以清楚看見他的努力，知道是否盡了全力。可是有時候努力不一定全然都有結果，當孩子已經盡了全力但依然不理想，我可以給他了解的眼光，看見努力過後的不同，至少無愧我心，設一個停損點，然後再次出發。

這樣的過程走了十幾年，也在導師、科任老師、全校推動閱讀寫作這幾個角色中流轉，我看見閱讀帶來不同風光：

十年閱讀路上的學校，第一屆推動閱讀的孩子升上國三，創下國中有史以來升學率最好、第一志願人數最多。

當初低年級嚷著沒有書櫃、所以不要書籍進班、老師覺得進度教不完哪有時間看書，卻發現幾年後，教生字從兩節課變成只要一節，抽象語詞都不用教，「我們都看過了。」孩子說。老師也願意開始申請閱讀計畫。五年級國語文選手的老題目「我最愛的一本書」，從名不見經傳的繪本、鬼故事、《孤雛淚》、《基督山恩仇記》到《傲慢與偏見》……到最後，還可以羅列堆疊不同類別書籍，寫出《戰爭與和平》，而且深切感動。

指導科展網博的老師愈來愈覺得輕鬆，還特意來回饋我：以前觀察日誌就連成績好的孩子都要寫好久，老師修改好久卻寫不到重點，現在孩子輕鬆字數飆高，言之有物，面對評審可以侃侃而談，最後還得了全國的獎項。

閱讀不只可以提升學力，更重要的是能療癒、強化價值觀和學習動機。學力提升，只是閱讀後隨之而來的芬芳之一。

20 閱讀提升學習動機

面對一群學力低落、動機低落，快要從學習逃跑的孩子，我想方設法，製造來學校快樂的理由：曾經有一班大半孩子沒有吃過元宵，沒關係，來學校就吃得到；不知道什麼是鬆餅，沒關係，我們來吃鬆餅順便寫作；家裡唯一的書是農民曆，沒關係，老師幫你把誠品有的書都搬來……學校有老師、有同學，孩子說，只有想到可以來學校的時候才感到開心。

外在動機有了，接著慢慢引導到內在動機。根據研究，內在動機通常和勝任感、自主性、自我連結三者有關。也就是說，當人們發現這件事情是自己可以辦到的、有充足的自主可以選擇、和自己相關性很大，就容易產生內在動機。

每學期初，我都會先讓孩子說說自己的夢想。不管是職業，還是以後想要的生活，如果沒有想法，那就大量閱讀職業探索的書籍像是《現在工作中》、《新工作大未來》、《晨讀十分鐘：生涯探索故事集》……藉由閱讀探索，發現需求和夢想。先有目標就會有動力，而且一定將夢想寫下來，張貼在教室或簿本上，天天定向，成為指引的燈塔。國小的課堂是基礎學力，每堂課學習的和夢想都有相關，你的夢想離不開這些說讀聽寫算，吳寶春做麵包要知道比例、修機械要看懂說明書……不會沒關係，我們一起來想想可以怎麼做。

為了提升孩子的學習動機，我先把每堂課脫離一般的教學框架，讓孩子免除長期面對學科的焦慮和挫折感，雖然彷彿是在遊戲，但每個遊戲都扣緊學習目標，提升學習成效，而不是只有玩樂的「糖漿課堂」。

國語、數學、綜合、健康課都是一個小專案，從遊戲開始，減輕學習焦慮，每天、每堂都充滿著追求知識的快感。寫一片葉子後和同儕互相猜測，來學如何描寫；寫議論文用辯論會活動看誰說服力強；異想天開探索三十年後的我，是對未來的美好想像；畫圖、剪紙、做模型都是討論分數概念，玩撲克牌來學公因數；充足的教具協助孩子發展抽象思考；寒暑假研究專題是棒球、籃球；做餅乾專題計畫都用閱讀支援，最後他們可以自己選擇想上哪位同學的專題課；大型專案是自助旅行，從交通、人際溝通、買票、查閱時刻表等，在真實情境下擁抱熱情、同儕互動、充滿玩樂，然後省思再向上提升。

其他科任課也不放過，像是社會科教導筆記策略、英文給予平板聽發音、熟悉發音規則，都是建立恆毅力的每日練習，讓孩子發現歸屬感：老師不會放棄我、對我有期許，加上「我可以做到」。

這些歷程，都不是一堂課就可以見效的。常說「百年樹人」，教育是無法速成、無法馬上看出KPI績效的，勢必要拉長時間軸來形成遠見，那才是真價值。因此在這些背後，都是有著願景和時間軸規劃的。圖書館要十五年、二十年可以使用，閱讀書架要保留擴充空間；閱讀推動從新書介紹到學生讀書會、閱讀介紹小幫手、主題閱讀到專案、教師讀書會，擬定短中長期計畫；擔任全校科任教師，我會針對課綱，擬出全校課程綱要，再分出年級，看見每個年段要做的事情。長期閱讀，讓我知道要拉長時間看，有遠見，看見真價值。

如果擔任的是導師，第一年扎根，閱讀、讀報、運動（健康第一，每天和孩子晨跑），到第二年收割。低中高年級重點也不相同，低年級大體上以口語能力、閱讀興趣習慣為主，中年學習如何閱讀，高年級用閱讀學習。不變的是，我都以閱讀和寫作為主軸，配合內在動機提升，到自學之路。

當然會有挫敗，但當你有長期的規劃和時間軸，把閱讀做為信念，用文字記下孩子的改變，就不容易被眼前的挫敗所桎梏而低落。因為你的眼光在遠方，確定自己的方向是對的，那麼短時間的停滯算得了什麼？

過程中，給予舞台，投稿、比賽等，讓孩子有高峰經驗，建立自我觀感、產生自我期許。以投稿來說，常常面對信心不足的孩子，每一個的表情常常說著：「我不行」、「我不能」。雖然老師增強他、鼓勵他，但孩子說：「老師你別騙我了啦！那是因為你是我的老師，當然這樣說。我怎麼可能做到？我們家這樣，我怎麼可能成功？」他們不相信自己有能力改變未來。

曾經遇過最沒有信心的孩子，他寫家裡開牧場的經驗，最後登上報紙。孩子很驚訝：「竟然有人認真看我的文章還能上報。太不可思議！」從此有不一樣的動機。

這些一點一滴的成功，努力為他們找尋不同的成功舞台，對偏鄉孩子的動機提升最有用。誰不想成為有價值的人？誰不想相信自己也可以辦得到？誰不想自我實現？所以，當孩子寫下他們的心情、心裡的話、生活的苦、內在的寶藏，老師帶著他們去想想怎麼可以寫得更好？我和報上被刊登的文章不同在哪兒？藉由觀察確切的寫下來、有動力的不斷修改。經由成功投稿，小小的成功能喚醒他們，發現「原來我也可以成功！」

只要是可以給孩子小小舞台、成功機會的，我都會去嘗試。畫漫畫比賽、投稿、英文演講比賽、演講比賽……每個機會我都認真把握，不會就跟著孩子一起嘗試一起學，失敗的經驗也很多，像是每篇上報背後，大概都有十篇被退稿，面對被退稿修改的挫折學習如何抗壓、失敗的自處和失望，也是我想教給孩子的。

最後，再利用統整性的任務、大單元主題，來進行學習綜效提升。像是自助旅行計畫、假期自主計畫、畢業專題製作、均一自學計畫學習國中課業。提供自學的策略和平台，建立自學管道，除了更提升學生的學習動機，更可以在真實情境中讓孩子有自學的能力，離開我之後也可以自立、甚至超越我。這也是我教育孩子的最後目標。

以自助旅行來說，地點是孩子決定的，分成交通組、行程組、覓食組、機動組，自己學會查資料、統整報告、分組合作。在真實情境中，統整學習能帶來跳躍性的成長。過程中，我的孩子五年級才第一次搭火車，眼神發光驚訝的說：「原來三年級學的火車時刻表是可以用的！」行屍走肉放棄學習的孩子，終於醒了過來會去問同伴怎麼查電影時刻表。講話都不清楚的孩子，在學校五年以來老師同學多次勸他把話說清楚都無功而返，但因為要打電話去客運公司，客運公司小姐說：「你說的話我聽不懂，請你把話筒交給別人。」讓他下定決心訓練自己的口條。

十幾年來，孩子說想看火車，所以我們去車埕；孩子說沒去過電影院，所以我們第一次踏進電影院；對於星星太陽月亮運行怎麼也不懂，我們去台中科學博物館……因此，即便下著大雨，我挺著五個多月的肚子，我們依然出門，依然去體驗、去補足在教室沒有辦法給他們的。

過程中討論吵架、遇到困難逃避、丟車票、丟悠遊卡、丟背包，丟傘還跳上火車找、差一點被火車載走，打破文具店的東西……專案中到處是困難，老師心臟時常無力，但我依舊狠心，在每一個當下，只有丟問題：「現在問題是什麼？」、「那你覺得怎麼辦？」、「我們可以怎麼做？」、「下次應該要怎麼避免？」於是吵架的孩子合作了，迷糊的孩子成長了、就連常常睡著的孩子都醒了。

在真實情境中，利用一個孩子超級有熱情的專題、利用同儕的動力、以玩樂為誘因，讓他們在過程中統整所學，然後隔年他們都可以帶著老師去旅行。除了提升動機，也帶動了學習的成效、自學的需求。

沒有絕對正確的公式，沒有一蹴可幾的捷徑，沒有百戰百勝的絕對，不同學生、不同靈魂、不同背景，只有長遠的目標和一直嘗試的恆毅力。

信念，是閱讀給的；動機的研究是書給的；不管找尋資料、探索未知、教學策略……處處都有閱讀的蹤影。翻開一本書，盡是對未來美好的想像，閱讀對我和孩子來說，不只是提升學習動機，更保溫加熱了動機、創造了當下更好的學習模式，也預約了之後和自己認真生活、完成夢想的約定。

從基本學力到自學

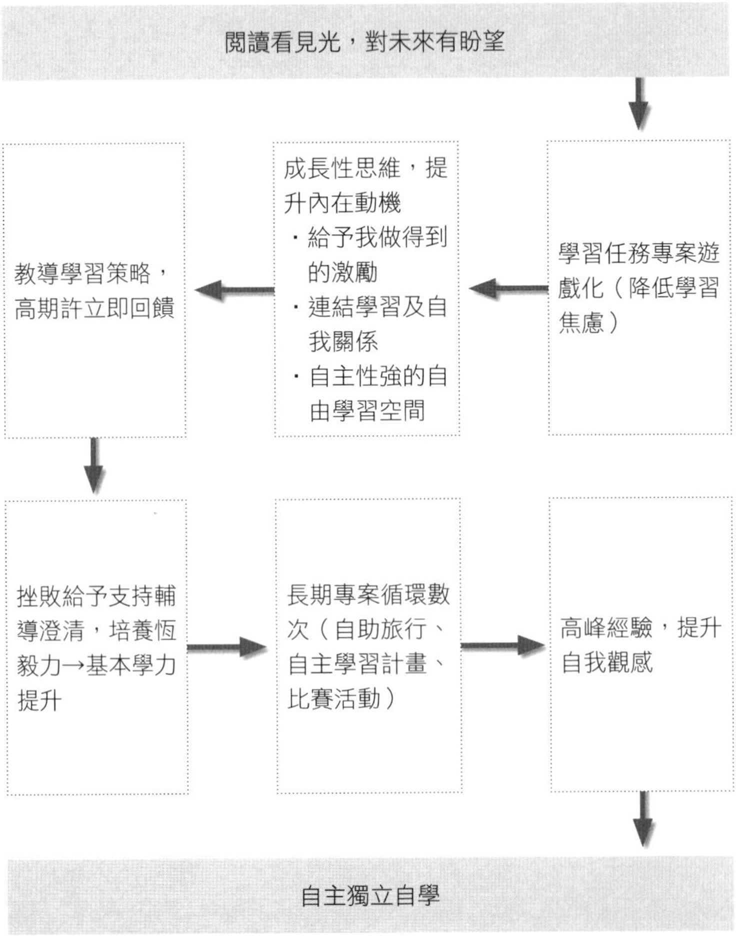
閱讀看見光，對未來有盼望
學習任務專案遊戲化（降低學習焦慮）
成長性思維，提升內在動機
・給予我做得到的激勵
・連結學習及自我關係
・自主性強的自由學習空間
教導學習策略，高期許立即回饋
挫敗給予支持輔導澄清，培養恆毅力→基本學力提升
長期專案循環數次（自助旅行、自主學習計畫、比賽活動）
高峰經驗，提升自我觀感
自主獨立自學

PART 5

關於我

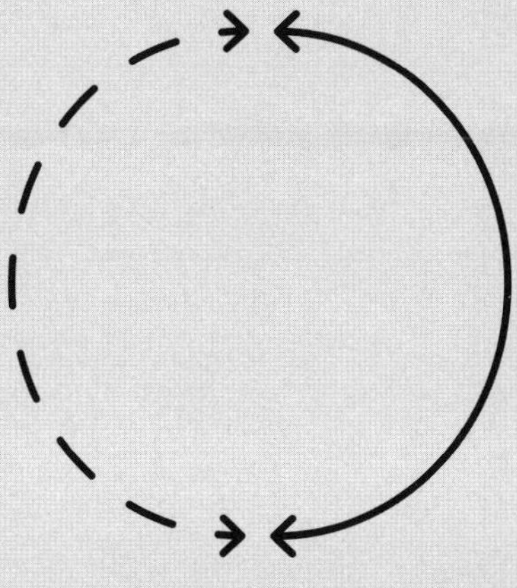

21 閱讀成就了我

千金難買少年貧。從國中以來，家裡就背負著龐大的債務，債務愈滾愈大，債主上門次數愈來愈多。記得我常常需要接起電話後，冷淡的告訴對方：「爸媽不在。」然後拿遠聽筒，聽著電話筒那端傳來的威脅和咒罵，不等對方罵完，就冷靜的掛上電話。

有時回家，門口貼上了「查封」的黃色長條，也很淡然撕掉後再開門進去。有時，門口還有「站崗」的人。記得有一次，門口的叔叔等了太久，午餐等到晚餐，還好心的問我是否有用餐，最後竟還幫我和妹妹包了便當，是少數有明亮色彩的記憶。

之後債務不停的滾雪球，我們搬了又搬，躲了又躲，趕著三點半，然後跳票，家裡的氣氛為之凍結。好幾年的年夜飯都是幾個人合吃一碗泡麵，生活無以為繼。高中三年都在煩惱錢從哪裡來，無心讀書。大學自然考差，省吃儉用，擺地攤、圖書館工讀生、系辦工讀生、家教、寫稿……只要能賺錢的，我都全力以赴。除了自己的學費，還需要不時拿錢回去接濟自己家裡。

情況依舊沒有好轉，郵局帳戶沒多久就歸零，沒有考上教師甄試就要全家搬家躲債的陰影，常常在睡夢中驚醒。在實習一年裡，學校很忙碌，實習輔導老師林淑麗對我很好，把可以交給我的、該怎麼想的，都告訴我，我也全力學習。偶爾有孩子問我：「老師你怎麼都一直穿這件毛衣？」我沒告訴他其實我只有這件唯一的、別人送我的毛衣。

早上六點起床，到學校實習工作一天。下午四點往補習班，晚上十點多回到家，再讀到凌晨。每天，持續一年。壓力很大，如果我沒有考上，全家就會崩解。到最後，我連報名費都沒有了，更別說交通費。還好，第一年就考上了。我痛哭了好久，想起我在文昌君前面說的：「我要當一個好老師，孩子不在課堂上睡著的那種。」不敢忘。

但也因為教甄如此辛苦，讓我刻骨銘心，後來十年，我都在幫忙別人考教甄。幫忙同學考上後、幫忙同學的老婆、表妹、朋友、學校的代理同事、其他學校前輩託付的認真同事、同事的同學……依然是沒有白走的路，這段經歷也造就我看教材切入的眼光，以及馬上可以上台試教的能力。

這段歷程讓我發現自己和家人的價值觀不同，對於想要和需要的解讀也不一樣。我常覺得自己是生活在蟋蟀窩裡的螞蟻，是如此的不同。心裡的感傷、不知道未來在哪兒的茫然、黑洞永遠都填不滿的絕望、不被所愛的人認可的孤單。十幾年間，切割、保持距離、茫然，常常心如刀割。故事的最後，人改變了，終結了黑洞，改變了生活和應對姿態。也和解了。

簡單幾句話，卻花了我十年光陰，才走到這裡。而在這漫長痛苦的過程中，我衷心感謝閱讀，是閱讀救了我：

閱讀是金錢。大學圖書館在我眼中是聖殿，裡面的書籍免費，且讓我無限借閱，我在裡面大量的閱讀，大學上課的筆記、參考書、補充書目，我總可以在裡面再找到參考書籍、延伸閱讀，一一吸收成為自己的筆記和報告，贏得獎學金。不僅每學期二萬多元的學費幾乎全免，還有剩餘可以拿回家。

當連飲食費都快要無以為繼的時候，圖書館裡到處是機會、到處是金錢。報紙上的徵稿啟示、雜誌的比賽，我一一抄錄，記錄下每個不同的截稿日、徵稿條件、以往的比賽作品……再一個一個分析參賽。雖不固定，但豐厚的獎金和稿費，總能讓我度過一餐又一餐、換得我冬天的棉被、家教代步用的二手摩托車、原文書的書錢、電腦。

閱讀是信念。《牧羊少年奇幻之旅》等書籍總是在我十分痛苦、薪水帳戶不知道的N次歸零的時候給我力量，讓我相信前方一定有光、一定有路、一定有出口。擦乾眼淚，是閱讀讓我相信有希望，只是現在曲折，它撫慰我當下的難受和失落。「當你渴望某樣東西時，整個宇宙都會聯合起來幫助你完成」，我一直相信著，一直這樣努力著，不管還款、不管被家長懷疑、不管被同事拍桌、不管被攻擊、不管多艱難、不管前方看不見光亮、不管想要的圖書館還看不見未來，我都這樣相信著。懷疑的時候，就再把這些書一本本拿出來閱讀，重新輸入、重新相信。

閱讀是計畫和執行力。夢想實踐的書、手帳的書是幫助我「從知道到做到」的幫手。當我在圖書館找到這一櫃的時候，感動到甚至覺得這些書籍閃閃發光。我跟著它們一步步繪製夢想的藍圖，且不管自己是否還在黑暗的山谷，所有資產甚至是負數，前方看不見光，但想像帶來花的芬芳，我從十年計畫開始、然後放進短中長目標到每一年、再到每月每天，最後，除了很清楚自己的目標，不浪費精力分散力氣的前提下，只要我寫下來，我就會做完。它是無聲的祕書，每天幫我定錨、幫我看見我想要的生活、激勵我的企圖心，然後切實的實踐。

閱讀是專業。大學念數學系的我，一到新學校就接下自己完全不會的作文指導。除了相關研習我一定參加，家中也收藏了各式的書籍。如果是作文，市面上曾經出版的作文指導書籍我一定有，就連絕版的書，我也一一到台北重慶南路一間間書店搜刮。凡到各地圖書館，一定到相關書櫃前一一檢視，一本都不放過。書籍，是最系統廉價的知識來源，只要區區一、二百元，就能獲得其他老師畢生功力。透過閱讀然後實踐，讓書籍和我的教學發生化學作用，閱讀才完成。這樣十年磨一劍，不管作文教學、閱讀教學、圖書館教育、讀報教育，到現在的數學教學、行動學習，閱讀是這樣塑造我的專業。

這幾年，我大量閱讀腦神經、輔導、偏鄉的書籍，在書寫這本書的過程中，我重新閱讀了這五年的筆記，清楚看見每一年閱讀的一百本書，每本書對我造成的影響：讓我從一個重視閱讀的老師，開始跨界到數學、行動學習，也開始影像閱讀、主題閱讀，甚至帶孩子進行專案和不同嘗試。也變得更包容、更貼近孩子的心，教學上可以快速因應不同程度的孩子。這些，都是書籍帶給我的成長和專業。

閱讀是知識和力量。面對未知，閱讀是最簡單的方法。不管是參加磐石獎的文案簡報、新講題構思、跨領域的邀稿、教學生寫文案、畫漫畫、演講比賽……閱讀都是我最忠實的朋友。只要我對某個領域有興趣，我就把這一系列的書都買回來，好好研究，然後做出我獨特的詮釋。開始跨越，然後帶著孩子一起成為更好的自己。

閱讀是跨越。年輕的我和家人對立時，總覺得是兩條永不相交的平行線。我痛苦，他們也痛苦。閱讀給我力量，讓我看見我們只是角度不同、想法不一樣。當我可以放下對父母應該如何的不實期待，我可以到更高的維度去看待彼此。和解，沒有那麼難。我常常想，如果沒有閱讀，也許我還在自怨自艾、怨天尤人、處在怨恨的深淵裡，是閱讀給了我重新看世界的眼光。許多臨終病人的後悔是，帶著和家人的心結離開世界，謝謝閱讀，我無悔。

在那些困苦黑暗的日子裡，閱讀讓我知道，我還有閱讀、我還有希望，只要有書，我就可以走過來。閱讀是金錢、信念、計畫執行力、專業、知識力量和跨越。正是因為閱讀救了我，也因此，我不離不棄，願意成為閱讀的信徒，甘心為它奉獻。

22 寫作療癒了我

閱讀很重要，但我深知，「寫」一樣重要。沒有閱讀的寫作是盲的，沒有寫作的閱讀是空的。

閱讀，不單單只是讀進去。深究閱讀，最終都是希望可以從讀中發現新知、新想法、新情緒、新心情……然後回來自身成為行動，成為嶄新的改變，改變自己的生活。

因此，如果一年閱讀上千本書，但讀完之後，書是書、我是我，一點都沒有與書交流反應，那有何用？當孩子閱讀完之後，瞬間說：「我忘了？」那閱讀有何意義？不如痛快到外面打一場球，換得香汗淋漓為佳。

對我來說，閱讀後，實踐才重要。我覺得重要的書，讀後一定筆記、思考，想著怎麼滲透到我的生活、我的日常，成為我的養分，成為嶄新的自己。其中，「寫」又是最重要的，最淡的墨水都比過最強的記憶。我書寫、用我的筆、我的腦，重新組合思考書裡的重點，導引到我一年中的每天，成為行動。

對我來說，文字和紀錄有著很奇妙的魔力。當時間經過，只有文字和紀錄會留下來。當時的心念和想法，穿越時空、在文字中旅行，體會過去的點滴，照見未來的藍圖，再交給現在的自己，看看一路以來有沒有走偏了初衷，以及想為世界做一件更美的事的想望。

就像那一段初任教師的辛苦，我常常騎車在鄉間小路一路哭著大喊回家。我總打開部落格，把我所有的埋怨、挫敗、痛苦、不解、怨憤，一一寫了下來，然後心情就好多了。現在，我也在自己書寫超過十年的部落格中，看見那個莽莽撞撞、毫無頭緒、擔憂害怕、氣憤難平的自己，一次次透過文字找到抒發的痛快和重新出發的勇氣，一次次重新燃起對家長和孩子的信任。即使常常被逼到牆角，我還是咬牙堅守「我想要把你教好」、「我希望孩子有快樂的現在和幸福的未來」。就連現在來看，還是會被深深感動，並提醒著自己不要忘記以前是這麼努力過。

寫部落格十幾年來，我養成用文字記錄的習慣。除了在部落格找到自己抒發的園地，更因記錄有了省思，修正而有了跨越，在原有基礎上進步，不偏離初衷。也因為文字冷卻了過多情緒，我可以穿越不同時空去看見孩子的成長，不慌不忙，不過度失望。因為文字的累積而有脈絡，拉長時間軸，讓我安心於當下。

近來因為有了臉書，我更長期在臉書書寫生活和教學。書寫這本書的時候，拜臉書和部落格所賜，讓我可以很快經由文字的時光機，重回當時的情緒、思慮和做法，而不斷彙整重組，精華成這一本書。

這段歷程，是不斷交互作用的。讀、教、寫，擬定目標、秉持初衷、擬訂計畫、實際行動、遭遇困難、寫出來抒發情緒、透過書寫自我對話，持續找路，再統整計畫、檢視調整計畫、重新擬定計畫，這就是一個行動研究的歷程。而讀出信念、讀到新策略、寫出計畫、寫下堅持、用文字提醒自己的初衷……從中獲得能量，不斷再前進。

我總覺得，長期使用文字的人會有一種魔力。那種真實面對自己、真實面對他人，利用文字凍結過去溫度、感動、痛苦的人，能自由的穿越時間，看穿時間的障眼法，看見人心的細微處與真價值，然後為自己、他人、未來，做出真正有價值的決定。

23 和孩子一起成功

我收過最感動的一份作業，是一張用皺巴巴月曆紙寫的學習單。

五年級上學期的時候，這孩子的爸爸酗酒，孩子開學好幾天沒有來，沒辦法打電話，因為家裡沒有電話。好不容易輾轉聯絡，才知道因為下大雨，家裡沒有雨衣，所以沒有來上學。

剛帶這個孩子的時候，每次我都在他的文章中迷路，猜了又猜，想了又想，到底這孩子寫的是什麼？每每最後都只能找他過來問：「你可以唸一下這裡在說什麼嗎？」我才懂原來是這個意思；改他的作業，紅筆的墨水總是下降一大截，整張寫滿我的注解和批改的錯字，但我還是深呼吸：「這次寫得真好，你的想法好有創意！把《進擊的巨人》的劇情編進去了呢！」他微微笑。

這樣奮鬥了一個學期，學習障礙的他，已經不用再去資源班。幾次家訪，簡陋的房子裡，依然沒有電話。臨時工的爸爸，景氣差沒有工作。下午二點多的約訪，他才剛起床。雖然努力的希望爸爸以他為榮，但爸爸依舊滿口苛責。

學期末，又一次下大雨沒來學校，這次卻是生病了。隔天一來，他和其他同學同時交來作業，我驚訝的說：「可是你昨天沒有拿到作業啊！」他羞赧的說：「昨天大雨，我跑到同學家，用月曆紙抄來的！」

另外一個孩子，爸爸二、三個月才回爺爺家看他。身邊的人對他都是責罵，經常怒打他。聰慧黝黑的臉龐，常常露出保護自己的表情。雖然才三年級，卻已經赫赫有名。有一次，陽光射進教室，我們正在讀報，他仰起頭，對走過身邊的我說了一句：「沒想到《國語日報》還滿好看的嘛！」那一刻，雖然離現在已經十幾年，卻深深烙印在我心裡，不曾忘懷。每當我遇到工作上的困難時，總會想起。

教學十幾年來，我獲得不少獎項，但我想，最重要的獎項應該就是這兩個。尤其那張皺巴巴月曆紙是我最愛的獎。雖然不足為外人道，卻是我教學生涯中最想拿到的獎狀，其他都比不上。

教學不是一帆風順，也不會永遠都在高峰，但這類的事情我總小心記錄下來，常常拿出來觀看，為自己打氣。誰說，種子不會在沒有看見的地方發芽？尤其，這十幾年來我都在偏鄉、人口嚴重外移的地區，我的小小教室裡曾經坐過許多破碎的靈魂。

孩子因為家人酗酒而嚴重自殘，到學校要隨時注意；也有國中年齡的孩子不曾上過學，因為偷竊才被發現沒有報戶口，被送到我的五年級班上，一個字都不認得；曾經有新住民媽媽跑掉，孩子受委屈說不出來只有流淚；爸爸喝醉酒要砍家人，因為沉重的經濟重擔；精神病爸爸不吃藥，孩子到網咖偷竊……總覺得這是兩個世界。

我常想，這些孩子在愛和安全都匱乏的情況下，願意到學校來，坐在我的課堂，我實在心存感激。孩子告訴我，要到學校才開心，因為有同學可以理解他的委屈和心情。老師的課他聽得懂、學得會，覺得有趣，就願意來。

我也去過這些孩子的家做訪問，有時會語重心長的對早熟孩子說：「你要回去救爸爸媽媽！」轉身一想又覺得心酸，孩子不過十歲，這擔子也太沉重了。

看著這些稚嫩臉孔，我常想，我還可以做什麼？社會問題已經衝擊到孩子的日常生活，拉著他的家庭風箏線已經被摧毀得所剩不多，我們還可以做什麼？

除了孩子，還有另外一群人的靈魂也是破碎的。當我努力做更多的時候，這群人跟我說：「沒用的。我以前也像你一般熱情，但看過一屆一屆的輪迴，家庭的失能、社會的問題，我們一個小小老師又能做什麼？」、「沒用的，你要他們看書，除非是天方夜譚。」

彷彿不相信、不願意，就不會受傷。

我每天都面對著受傷的靈魂，試圖找出路。尤其，現在手上的每個孩子，以後都將成為支持著我們的老年生活的一員，將來我們遇到的服務生、官員、搶匪、士農工商各行各業……都是現在的孩子長成。而這些孩子，同時也是你我孩子的好友上司下屬敵人夥伴……影響著我們孩子日後人生的重要他人。

為了讓更多的孩子成功，我發現，關鍵是老師自己先要成功。成功，不只是課業工作成就，而是生活和人生。當一個老師活出他的天命，在講台散發光和熱，熱情和典範會天天影響一批孩子整整兩年，包括思維、思考、做事的系統。當一個老師天天閱讀、時刻學習、時時挑戰自己、常常超越自己，孩子才有可能閱讀、學習、自學、接受挑戰。

我依然習慣從閱讀中找尋答案。《幫助每一個孩子成功》從美國經驗出發，書裡提到：從神經科學和兒科的研究中發現，惡劣環境會損壞重要心智能力發展。我的腦海瞬間閃過幾個短期記憶無法形成長期記憶的臉孔、認知靈活緩慢，屢屢在課堂上受挫；幾個自我調節能力不足的孩子，因為壓力調節失常而搗蛋，表情僵硬而倔強受傷。讀到這裡，我心頭一緊，搜尋著當時我有無嚴厲斥責？我是否歸咎他們沒有盡力？如果早點知道，故事會不會重寫？

我既驚又愧，戰戰兢兢的翻閱對比，往事一幕幕掃過。還好也慶幸的發現這幾年帶著孩子們花時間準備專題、分組討論、用幾星期的時間完成一個完善的報告上台、改造學校環境計畫、真實環境裡的烹飪任務、事前準備因困挫而落淚的自助旅行等教學活動，原來可以提升內在動機，孩子學到的不只是學科，更重要的是非認知的知識（品格）。

我發現我還可以做更多：多形塑課堂，幫助這些孩子找到培養能力的工具，用專業讓孩子在自主的環境，透過課程挑戰，提升自我效能與自我相關性。讓孩子在班級中得到歸屬感，知道自己是有潛力的，對他們高期許，同理尊重他們，態度和善但堅定，在深度學習中給予挫折，在挫敗情緒中學到非認知知識。

別再苛責家長，也別苛責老師，改變需要時間和勇氣，嘗試需要動力和跳脫舒適圈。多一點支持、多一點鼓勵，每個老師背後總有幾百個孩子，增強老師們已經在做的，再多做一點，再多做一點，我還可以做得更好，也必須為這些願意將手交給我的孩子做得更好。

不知道、沒發現這樣的孩子，不代表他們就不存在。我想，除了有人要去補沉船的大洞以外，我們能做的就是不放棄的用手拉住這些孩子。每個人都伸手，就會變成一張堅固緊實的大網，救起每一個在冰冷海水中浮沉的孩子。不管偏鄉城市，不管身分職業，多做一點。現在的孩子，是以後我們的重要他人。是我們的孩子。

當然我也曾懷疑過自己的能力。如果沒有改變的可能，為什麼要盡力？來說一件最近發生在我身上的事。我的小姪女對我來說，十分重要，因為她是我重要小姑的女兒，也是我孩子裡幼時的重要玩伴。每當我有適合的書籍，都會幫她留一份。

小姪女升上了一年級，有一回，她蹦蹦跳跳的回來告訴我她多喜歡她的老師，老師教她寫畫圖日記，將生活中的大小事情都記錄下來。她仰著小臉，臉上發著光：「我們老師好好，好溫柔，她說寫多寫少都可以，把自己的想法記錄下來就好。她還會請小朋友去台上唸，幫他們拍拍手，我好喜歡我的老師。」當她把畫圖日記的單子拿出來給我看的時候，「轟」的像打雷似的打進我心裡。那一張電腦能力不是很好的學習單，畫的圖有些歪斜，正是我十幾年前分享出去的畫圖日記學習單。

我誠摯的感謝，自己的一點分享竟匯聚成河，這麼短的時間就又回到自己身上，用這樣溫暖的形式。其他像是分享的作文教學、閱讀分享、熱情感動，陸陸續續也透過許多老師的照片，讓我發現生命的愛和能量將會延續不斷。

一言一行、一舉一動、一個善念、一顆種子，都會成為一個不可抹滅的存在，正在自己想不到的地方影響他人，是我們無法估量的漣漪擴散。當然，包括我們今天手上的孩子，包括我，包括正在閱讀這本書的你。

真心希望每個人都可以來關心這些需要幫助的孩子，每個人付出的小力量都可貴，都將成為美好循環的一部分。而唯有美好循環溫暖了、完整了身邊這些破碎的靈魂，我們才有身處天堂的可能。這也是，這本書的初衷。

24 給年輕的你

給正在痛苦中那個年輕的你：

每天都挫敗，是正常的喔！我剛開始教學的時候，前三年每天都想辭職。

偏鄉不能只有同情，需要的是專業。是專業讓孩子發現世界很美好，自己有能力去選擇，跟著老師會改變。專業是節省時間、創造愛的代名詞。

但是，不要把孩子的人生背在自己身上，很多問題在家庭、在社會就錯綜複雜了，不要過度用力、太過期待看到成果，否則失望會太深，就沒有力氣往前走了。我們努力種下種子，但不要把長多高當成自己的責任，不要把結多少果實當成對自己的評價。

不用擔心孩子喜不喜歡你，不要害怕衝突。要做的，就是好好愛孩子，包括快樂的現在和未來。有遠見的，才是老師。不必讓孩子喜歡你，用專業權去說服他們，他們擁有可以選擇美好未來的權利，這樣動力就來了。

去激發孩子的學習動機，讓他學著怎麼點燃自己的學習動機，不要當拖著他們前進的人。我們不能改變學生，但可以創造讓他改變的動機。也讓家長覺察到自己的矛盾，發現自己想要改變。

去看懂孩子背後沒有說的話，拒絕、逃避，是不是因為擔心挫敗而逃避？讓孩子每天在課堂快樂，有高峰經驗，製造小小的奇蹟。

每天去覺察自己有沒有身心安定、情緒平和、開心面對學習和任務，才會有餘裕面對孩子的突發狀況、同理孩子、覺察自己和學生的情緒。正向面對每件事、用成長性思維看待孩子的學習、調整自己的應對姿態、連帶影響孩子的應對姿態。

要睡飽、要吃好、要開心、跳躍的進入教室裡，期待的和孩子開心的進入學習，期待的看待學習任務，讓學習變成一件美麗有趣的事情，在孩子身旁支持他培養成長性思維和恆毅力，做一個溫暖的人。

不要逼自己永遠正向。太過認真不健康，過度正向會憂鬱。準時下班，健康第一、家人第二。影響力是：在有限選擇下，堅持做有價值的事。困難的事是為了證明這件事多有價值。

如果擔心還沒看見成果，不代表做的方向不對。太急著看見成果，對學生和自己都是消耗，努力、放下、同理、等待。不急躁，慢慢來，比較快。時時覺察自己。

拉長時間軸吧！不要只看見孩子的不足，而是看見孩子的進步；不要只看見一個孩子的問題，忽略還有更多孩子需要你。如果方向正確，時間會告訴你答案。記錄下來提醒自己。一直有改變、一直有進步、放寬心，好好享受這段日子。

持續閱讀、寫作。選擇你真正想選擇的，愛自己的選擇，然後活出無悔的人生。

後記

認識我的人都知道，「健康第一、家人第二」是我的口頭禪，而寫書會壓縮時間，不在我現階段的人生規劃當中，但《親子天下》來約，我無法拒絕。

二〇〇二年，天下雜誌教育基金會成立，希望閱讀聯盟啟動，期待用「閱讀」為偏鄉孩子搭一座通往世界的橋梁。我考上教師甄試後的第一所任教小學嘉義縣社團國小，就是希望閱讀聯盟小學其中一所。

在社團國小的三年期間，我每天閱讀希望閱讀帶來的好書，從特別選書的一百本書中，和孩子共讀、討論，於是有了閱讀眼光和品味。那三年的孩子告訴我：閱讀有多重要，不要剝奪我們閱讀的機會和權利。於是，才有到下一所學校的閱讀推動故事。

所以，不得不報恩。這本書寫了又寫，改了又改，因為不成熟、因為一直還在成長，過程中腦海如跑馬燈不斷浮現許多協助過我、忍受我不成熟的長官和同事、家長和家人，慢慢可以體會這些人對我的諸多愛護，學生更是督促我成長的貴人。是你們促成我的成長和成熟，真心感謝你們！

雖然歷經將近三年的時間努力修修改改，始終不變是初衷：這是一本遇過許多困難和掙扎的故事，希望給正在黑暗隧道的你，一個了解的眼光和「前面一定有光」的信念，然後，和孩子一起堅持閱讀！

國家圖書館出版品預行編目 (CIP) 資料

從讀到寫，林怡辰的閱讀教育 / 林怡辰作 .
-- 第一版 . -- 臺北市 : 親子天下 , 2019.02
256 面 ; 14.8x21 公分 . -- (學習與教育 ; 200)
ISBN 978-957-503-357-6 (平裝)

1. 親職教育　2. 閱讀指導

528.2　108000552

學習與教育 200

從讀到寫，林怡辰的閱讀教育

用閱讀、寫作，讓無動力孩子愛上學習

作　　者｜林怡辰
責任編輯｜王慧雲、游筱玲
校　　對｜魏秋綢
排　　版｜張靜怡
美術設計｜ FE 設計
行銷企劃｜林靈姝

天下雜誌群創辦人｜殷允芃
董事長兼執行長｜何琦瑜
媒體暨產品事業群
總 經 理｜游玉雪
副總經理｜林彥傑
總　　監｜李佩芬
行銷總監｜林育菁
版權主任｜何晨瑋、黃微真

出 版 者｜親子天下股份有限公司
地　　址｜台北市 104 建國北路一段 96 號 4 樓
電　　話｜ (02) 2509-2800　傳真｜ (02) 2509-2462
網　　址｜ www.parenting.com.tw
讀者服務專線｜ (02) 2662-0332　週一～週五 09:00~17:30
讀者服務傳真｜ (02) 2662-6048
客服信箱｜ parenting@cw.com.tw

法律顧問｜台英國際商務法律事務所 ・ 羅明通律師
製版印刷｜中原造像股份有限公司
總 經 銷｜大和圖書有限公司　電話：(02) 8990-2588

出版日期｜ 2019 年 2 月第一版第一次印行
　　　　　 2024 年 8 月第一版第十五次印行

定　　價｜ 320 元
書　　號｜ BKEE0200P
I S B N ｜ 978-957-503-357-6

訂購服務
親子天下 Shopping ｜ shopping.parenting.com.tw
海外・大量訂購｜ parenting@cw.com.tw
書香花園｜台北市建國北路二段 6 巷 11 號　電話 (02) 2506-1635
劃撥帳號｜ 50331356 親子天下股份有限公司

立即購買 >